现代企业财务管理的实践探索与发展

伯建平　著

中国商业出版社

图书在版编目（C I P）数据

现代企业财务管理的实践探索与发展 / 伯建平著
. -- 北京 : 中国商业出版社, 2023. 6
ISBN 978-7-5208-2476-7

Ⅰ. ①现… Ⅱ. ①伯… Ⅲ. ①企业管理—财务管理—研究 Ⅳ. ①F275

中国国家版本馆CIP数据核字（2023）第080762号

责任编辑：袁娜

中国商业出版社出版发行
（www.zgsycb.com 100053 北京广安门内报国寺1号）
总编室：010-63180647 编辑室：010-83128926
发行部：010-83120835/8286
新华书店经销
天津和萱印刷有限公司印刷
*
710毫米 ×1000毫米 16开 13印张 200千字
2023年6月第1版 2023年6月第1次印刷
定价：65.00元
****
（如有印装质量问题可更换）

前　言

财务管理是当代经济管理学科中年轻而蓬勃发展的学科之一，它为人们用经济的观点理解世界作出了巨大贡献。在我国市场经济体制改革的过程中，企业已被全方位推向市场，并逐步形成了完善的现代企业制度，企业要想在当前市场环境中立于不败之地，就必须加强财务管理。财务管理是企业管理的重要组成部分，在企业管理体系中处于核心地位，企业的正常运营与可持续发展离不开良好的财务管理。

本书第一章解读现代企业财务管理的基本理论，内容包括企业财务管理的内涵及目标、企业财务管理的作用与环境、企业财务管理的价值观念、企业财务管理的组织与职能；第二章分析现代企业财务管理的内容范畴，主要包括筹资管理与投资管理、营运资金与负债管理、收入与利润分配管理；第三章论述了现代企业财务成本与预算管理；第四章研究现代企业财务风险管理与防范，内容涉及财务风险管理的一般知识、财务风险管理的原则及要求、企业投融资风险管理与应对、企业财务预警机制的构建；第五、六、七章探索现代企业财务管理的数字化发展、财务智能化转型与应用创新研究、财务共享与现代企业财务管理发展。

本书一方面注重内容布局、逻辑结构合理，试图突出理论上的创新；另一方面注重理论与实践的结合，使读者能够从理论上获得指导。

笔者在撰写本书的过程中，得到了许多专家学者的帮助和指导，在此表示诚挚的谢意。由于笔者水平有限，加之时间仓促，书中所涉及的内容难免有疏漏之处，希望各位读者多提宝贵意见，以便笔者进一步修改，使之更加完善。

目录

第一章　现代企业财务管理的基本理论

现代企业财务管理是指企业以自身的经营目标为基础，进行设计、组织和执行资本配置、营运现金流管理、资本融通及利润分配等工作的过程。以下重点从四个层面来讲述企业财务管理的内容：一是企业财务管理的内涵及目标；二是企业财务管理的作用与环境；三是企业财务管理的价值观念；四是企业财务管理的组织与职能。

第一节　企业财务管理的内涵及目标

一、财务管理的内涵阐释

第一，财务管理与企业外部环境。企业外部环境与整合企业的财务管理密切相关，二者相互影响、相辅相成。以国家财务管理为例，国际整合金融体系的状况直接会影响到国家的财务决策，相反，国家的财务管理也会对企业的外部环境产生巨大的影响。这就需要在企业的需求与收益、成本与风险之间做出衡量，使股东财富最大化。

第二，财务管理与企业资产。资金或资产是企业能够正常运行的重要支撑，任何企业的运行都离不开企业资金，这是企业运行的核心与基础。资产根据其流动性分为流动资产和非流动资产两大类。财务管理人员最主要的工作就是通过对企业资金的管理，如筹资、资金运转、撤资等，使得所筹集资本效益最大化，从而使企业价值最大化。

第三，财务管理与企业资本。资本与资产有着本质上的区别，产业资本主要包括技术、资源等要素，企业资本的管理主要体现在资金运行的管理、投资风险的评估等方面。为了更好地运用资本并对资本加以控制，必须优化调整企业的供、产、销等管理活动，并且要借助一些数量模型来进行各种定量分析，故投资决策也是财务管理中研究的重要方面。

二、财务管理的目标分析

（一）国内外关于财务管理目标的研究

1. 国外关于财务管理目标的研究

很多学者指出，财务管理不仅仅只是管理企业的经营活动，最主要的是推动企业组织架构的不断完善。学者安东尼·乔治·霍普伍德认为，企业的财务管理和组织之间有着密切联系，良好的财务管理和社会经济交流是保障企业平稳发展的前提和基础。有学者指出，时代的变迁不会影响财务管理目标和企业运营目标的一致性发展。在2017年《公司理财》(第11版) 中，斯蒂芬·罗斯提出财务管理的最终目标是实现股票每股价值的最大化。在2018年2月《财务管理》(第14版) 中，尤金·布里格姆提出美国企业系统中的财务管理目标就是最大化企业价值，当然应该在一些限制条件的管理下来实现这一目标。在2021年《财务管理》(第10版) 中，斯蒂芬·罗斯提出财务管理的首要目标就是确保现有所有者权益的最大化市场价值。

2. 国内关于财务管理目标的研究

国内关于财务管理目标的研究，主要涉及财务管理内容和企业社会责任两个层面。

韦序任在《财务管理》中发表了“企业日常经营活动中产生的财务活动和财务关系中逐步形成了财务管理，这是企业进行财务关系的组织和处理的一种活动”的理论。

刘艳宾指出，财务管理在企业管理中有着非常重要的地位，高效健康的财务管理，将促进企业的长远稳定发展。

王翔认为，企业财务管理既要从自身经营情况出发，合理地预测未来的经营活动，及时地协调和控制可能产生的风险，同时也要对日常的经营活动费用进行合理的控制和管理。①

甘璐认为，商贸企业财务联系和相关活动产生了财务工作职能，规划、管控、预测、分析以及决策等是财务活动主要的财务职能，会计职能主要是

① 王翔．新形势下做好企业财务管理工作的措施分析 [J]. 财会学习，2021(16)：47-48.

对财务行为进行管理，从而产生一定的财务结果，具体来说就是组织确认、分析以及计算资金情况，提供正确有效的资金数据信息，同时还要传递相关的会计信息和数据，因此核算和监督是财务管理的主要职责。①

（二）财务管理目标的设定类型

企业利益财务管理想要达到的预期目标，称为财务管理目标，它是对企业财务管理活动是否合理进行判定的一个重要指标。为了不断完善企业的财务管理理论，促进其对财务管理的指导作用，就要合理地制定财务管理目标。财务管理目标是对企业财务状况变化情况的真实反映，指引着企业财务管理理论的行动方向。

财务管理运行机制会受到财务管理目标的影响和作用，因此，对财务管理目标进行合理设计，将有利于企业财务管理行为的不断优化，为企业利润最大化创造机会。财务管理目标的合理制定既有利于财务管理理论框架的有效构建，也能促进财务管理活动的不断优化和完善，换言之，财务管理目标将直接影响企业财务管理的实际操作和理论发展。

确立财务管理的最终目标是做好财务管理工作的先决条件。作为企业管理的一部分，企业财务管理应做到全面考虑，保证其目标与企业整体的最终目标相同。

从实质上来讲，大部分企业的最终目标是通过经营和生产活动，获取更大的经济效益，使企业自身的水平得到提升。受不同企业不同管理体系和发展规划的影响，会产生不同的企业财务管理目标。

1. 利润最大化

经济利润的最大化是企业财务管理的终极目标，而这个目标也将引导企业的财务管理活动行为。财务管理目标是一个长期的目标和战略，确定目标的目的是指引企业的经济活动发展方向，高效合理地利用企业的内部资源，提高其资金的运转效率，实现企业经济利润最大化。利润最大化也是西方微观经济学的主要理论，因此，国外的金融学者一般会根据利润最大化来判断企业的生产经营活动和业务水平。一些专家和学者认为，企业创造的经济效益表现为利润，利润越高，企业的经济效益就越明显，就越靠近企业的

① 甘璐．财务与会计在商业企业财务管理中的应用 [J]. 商讯，2021(15)：1-2.

整体目标。也就是说，企业在固定时间内的经营收入与经营支出之间的数额差异是利润额，在计算时应遵循收入费用配比原则，全面地反映企业的投入与产出之间的关系。

企业的利润直接关系到股东权益。股东对企业净资产的所有权就是股东权益，包括股本、资本公积金、盈余公积金和未分配利润四个方面。其中，股本是指投资方投入企业的全部资金，在不增发的前提下，股本不会增加。资本公积金则是由资产重估增值、股本溢价等形成的。通常情况下，企业的经济效益不是由企业目前的经营状况决定的，它主要表现在盈余公积金和未分配利润两个方面，而这两个方面容易受到利润的影响。因此，以财会的观点来看，以利润最大化为目标不仅有利于保证股东权益，还有利于企业的发展。

如今，我国在大多数情况下仍然以利润的多少来评价企业的经营状况。例如，企业为了扩大股份而增加投资数额时，要对企业最近三年的盈利状况进行充分的调查；在对企业经理等员工的工作成绩进行评价时，一般会将利润作为核心指标。

然而，利润最大化在长期的实践中也表现出一些不足之处。第一，利润最大化没有将项目获得回报的时间纳入考虑的范畴。第二，利润最大化没有将危机状况纳入考虑的范畴。通常情况下，利润越高，危机系数也就越大。如果为了实现利润最大化而选取危机系数较高的投资项目，就可能导致企业的发展受到严重威胁。第三，利润最大化未将投入的资金与利润之间的关系纳入考虑的范畴。第四，利润最大化只能反映企业在过去某阶段的收益情况，不能体现企业在未来的收益状况。虽然净利润可以保证股东权益，增加企业财富，但并不意味着企业持续经营和持久盈利的能力得到了增强，也不能保证股东在未来能够获得回报。第五，利润最大化可能会令企业的财务策略朝着短期行为的方向发展。一般情况下，利润最大化会使企业将精力集中在企业的盈利上，忽略自身的未来发展。第六，如果仅以利润作为衡量企业经营状况的标准，可能会导致无法掌握企业经营的真实情况。在同样的财务状况下，财会处理方式的灵活性与丰富性会对利润造成不同的影响。

综上所述，将利润最大化作为企业财务管理的最终目标有一定的独断性，不是最优的财务管理目标。

2. 股东财富最大化

通过有效运用资金，为股东争取最大的经济效益，就是股东财富最大化。

在股份制企业内，股东的资产由两个方面决定，分别是股票的价格和股东持有的股票数目。在股票数目固定的情况下，当股票价格的涨幅达到最高时，就可以实现股东财富最大化。因此，股东财富最大化就是股票价格最高化。在做出有效资本市场假说的前提下，可以认为股票价格是衡量股东财富的最佳指标。

有效资本市场假说最早是由尤金·法玛（Eugene F.Fama）提出的，他参照所有已经公开的资讯、内部消息与历史消息对股票价格的作用，划分了三种有效市场：弱式有效市场、半强式有效市场和强式有效市场。在有效的资本市场中，与价格相关的信息能够由证券价格完整、快速地展现出来，这时，股东财富就可以转换为股票价格。虽然目前人们对资本市场的有效性还存在争论，但是严谨来看，有效的资本市场是不能被否定的，而且在市场逐渐趋于完善和监管措施不断加强的背景下，市场已经开始朝着有效的方向发展。

从理论上说，股东财富可以表现为在未来获得的净现金流量，而股票价值就属于净现金流量。股票价值的主要影响因素有两个：一是企业在未来获得现金流量的能力，二是现金流入的时间和风险。

由此可见，与利润最大化相比，以股东财富最大化为目标具有以下三点优势：第一，股东财富最大化同时考虑了现金流量的风险和获得回报的时间，因为股票价格会受到这两个因素的制约。第二，可以从一定程度上改善企业为获取更多的利润而做出的短期行为，因为企业未来获得现金流量的水平决定了股票的价格。第三，可以反映资本与收益之间的联系，因为企业投入资本的市场价格会通过股票的价格来体现。

另外，衡量企业财务策略可行性的标准就是股东财富，因为企业的投资、筹资和财务管理策略的效率都可以反映股票的价格。这一点可以通过企业的投资工具模型进行分析。

通过投资工具模型可以基本了解企业的相关情况。投资者股东，即委托人，主要通过金融市场或金融中介向企业提供资金，委托经营者管理企业。企业的经营者是代理人，负责利用股东提供的资金进行投资，与外界（包括市场、竞争对手、政府等）进行货币和实物资产交换，并将获得的利润分配给投资者。此外，经济市场和外部因素会对企业的筹资策略与股利策略产生制约，而这些策略影响着企业的经营规模、资金和利润的增长，还会对企业未来的现金流量产生一定的作用，影响股票的市场价格。因此，企业要在考虑多方因素的前提下制定相关的财务策略，以达到股东财富最大化的目的。

虽然股东财富最大化的观点已经得到了人们的普遍认可，但是雇员、供应商、债权人等与企业经济效益相关的人员在企业的生产经营中扮演着越来越重要的角色。因此，有人提出了相关人员财富最大化的看法。相关人员财富最大化认为，企业在设立财务管理的目标时，不能仅围绕股东的权益，而应当平等地看待股东和其他经济利益相关人员（如职工、供应商、政府管理人员、贷款者等）。针对这种看法，支持股东财富最大化的研究人员提出，在实现股东财富最大化的同时，并没有忽视相关人员的利益。股东财富最大化可以使企业的全部资产得到提升，并能够保证其他利益相关人员的利益不受到损害。此外，参照相关的法律法规，股东手中掌握的财务要求权为“剩余要求权”，即在满足其余相关人员的利益后剩下的权利。也就是说，企业应当首先向职工支付薪水，向债权人支付利息，向政府纳税，向供应商支付货款，再向股东分配利润。

契约经济学认为，企业的管理者、员工、供应商等各方利益相关人员通过书面合同确定了合作的相关约定，保护自己的利益不被股东侵犯；即使企业没有与利益相关人员签订书面合同，也会受限于社会道德和法律法规，一旦企业违反了契约中的相关规定，利益相关者就会中断与企业的合作，企业最终也会因此遭受损失。

基于以上几点可知，在对股东财富最大化进行限制的前提下，可以将股东财富最大化作为企业财务管理的目标。对股东财富最大化进行限制需要做到以下两点：第一，优先保证利益相关人员的利益，避免出现股东剥削利益相关人员的现象。第二，不包含社会成本。企业在追求股东财富最大化的过程中所消耗的成本都由企业负担。例如，企业在追求股东财富最大化的过程中不能造成严重的环境污染，因为这种环境污染需要政府动用财政资金进行处理。

企业如果能够做到以上两点，那么在追求股东财富最大化的过程中与利益相关人员的矛盾将不复存在。企业经营者就可以集中精力实现股东财富最大化的目标，从而使企业存在的意义最大化。

需要注意的是，对于已经上市的企业而言，股东财富是一个便于获取的指标。对于未上市的企业而言，其价值就是企业在市场上的售价，或者是投资者转让自己的出资后所获得的现金。然而，对于一个处于正常经营状态的企业而言，其价值很难用这种整体出售的价格来衡量。因此，从实际出发，可以通过产值估算或者参照企业将来的现金流量来衡量企业的价值。

3. 各方利益最大化

企业股东是主要的企业利益相关者，在企业运营活动中获取经济收益也是股东进行投资的主要目的，当然，在这个投资过程中，就必然产生一定的风险，这便是财务风险，所以股东会进行风险分析之后再进行决策，为了尽可能地降低预期外风险的发生，企业往往会制定相应的财务管理目标。除了股东，还有像投资方、债权人、企业管理者、政府、群众等的相关利益，财务管理目标是确保利益相关者的利益获取。

财务管理目标要实现各相关利益主体的利益最大化，就必须能够衡量利益相关人员的利益。衡量投资方利益的途径有净资产利润率、净资产保值增值率、每股净资产、每股股利、每股收益、每股市价。当这六个指标达到最高值时，就实现了投资方利益最大化。

衡量债权人的利益可以通过财务杠杆率、流动比率、资产负债率、速动比率、利息保障率、现金比率和债务到期偿还率七个指标进行衡量。当这七个指标实现最大化时，就实现了债权人利益最大化。

企业管理者的利益可以通过工资在企业经营效益中所占的比例、工资在企业经营成本中所占的比例、工资涨幅与企业经营效益涨幅之比、工资涨幅与企业经营成本涨幅之比、工资涨幅与企业增加值涨幅之比、工资涨幅与劳动生产效率涨幅之比进行衡量。当以上指标达到最高值时，就实现了企业管理者利益最大化。

政府的利益可以通过六个指标来衡量，分别是税费违规率、税费完成率、社会贡献率、社会积累率、政府投资完成率与社会保障完成率。当税费违规率达到最低、其余几个指标达到最高值时，就实现了政府利益最大化。群众的利益可以通过维护客户的权益、保护环境、售后服务、劳动督查、劳动保护、安全生产、技术督查七个指标进行衡量。群众利益最大化即在符合相关法律法规的前提下实现以上七个指标的最大化，进而缩减群众利益的损失。

需要注意的是，从某种意义上讲，政府的利益即群众的利益，群众的利益也是政府的利益，不能将二者割裂开来。

综上所述，企业财务管理的最高目标，即实现各方利益最大化。

在企业的财务管理活动中，如果投资者的利益受到忽视，投资方就有可能选择更换企业管理者，或者选择撤资、转移投资，导致企业无法继续发展；如果债权人的利益受到忽视，债权人就有可能通过法律途径维护自身的利益，使企业发展受到法律控诉的桎梏，给将来的筹资活动造成阻碍，导致企业难以走出困境；如果企业管理者的利益受到了忽视，就会影响企业管理者的工作积极性，导致优秀的企业管理者另谋高就；如果政府的利益受到了忽视，那么企业就容易受到法律制裁与行政处罚；如果企业忽视了群众的利益，那么企业不仅会受到法律制裁与行政处罚，还会遭受群众的反对与谴责。这些都会给企业的长期发展带来阻碍。

因此，唯有将企业财务管理的最高目标设置为各方利益最大化，在财务管理活动中考虑、调和、衡量多方利益，使投资方、债权人、企业管理者、政府与群众同时从企业的经营活动中获利，方可使企业保持长期、稳定的发展。共同富裕是中国特色社会主义的根本原则。投资方、债权人、企业管理者、政府与群众是一个企业的利益主体，将利益主体的利益最大化作为企业财务管理的最高目标，从本质上体现了中国特色社会主义的基本要求。由此可见，债权人、投资方、企业管理者、政府与群众的利益最大化与资本主义体制下的股东财富最大化存在本质上的差异。

（三）财务管理目标与利益的冲突

1. 委托—代理问题与利益冲突

20世纪30年代，美国经济学家阿道夫·伯利（Adolf A.Berle）和加德纳·米恩斯（Gardiner C. Means）由于清楚地认识到所有者和经营者同为一体的弊端而提出了“委托—代理理论”，这一理论认为需要分离所有权和经营权，企业所有者要让渡经营权但需要具备剩余索取权。与委托—代理问题有关的利益冲突是财务管理目标更深层次的问题，委托—代理问题的存在及其利益冲突的有效协调直接关系到财务管理目标实现的程度。传统的委托—代理问题是指由于企业的所有权和经营权的分离而导致的债权人与股东、企业管理者与股东之间的代理问题。美国学者迈克尔·詹森（Michael Jensen）和威廉·梅克林（William Meckling）认为，由于企业的管理状况在不断变化，主要的委托—代理问题体现为中小股东与大股东之间的关系，而这一委托—代理问题必将引起代理人和委托人之间的利益冲突。

(1) 企业管理者与股东之间的矛盾。企业管理者受股东的委托管理企业，要与所有股东一起分享企业利润。企业管理者期望能够获取更多的利益（如增加薪水、空余时间和在职消费等），股东却期盼运用最少的管理成本获取最丰厚的股东财富，这就形成了企业管理者与股东之间的矛盾。化解这一矛盾可以采用鼓励、制约和惩罚三种方法。

首先是鼓励。鼓励就是将企业管理者的薪酬与其工作业绩联系起来，促使企业管理者积极主动地运用各类举措提升业绩，从而实现股东财富最大化的目标。鼓励可以分为两种形式：一种是绩效股的形式，即根据制定的绩效评价标准对企业管理者的业务水平进行评估，再根据评估结果给予企业管理者相应的股票数目。另一种是对企业管理者实行股票期权策略，即允许企业管理者在约定的时间内以提前商定的价格购入股票。

其次是制约。机构投资者掌握着企业的大部分股票，对企业的运营具有关键的作用。他们可以与企业管理者展开谈判，并对企业的经营发表看法。实际上，机构投资者已经成为分散股东的代言人。

最后是惩罚。一旦企业管理者的工作出现了重大失误，如未遵守相关的法律规定等，股东大会则有权解聘企业管理者。

(2) 中小股东与大股东之间的矛盾。一般情况下，控股股东是企业最大的股东。大股东拥有企业的大部分股份，可以对董事会与股东大会的决策进行控制，也可以任命企业的最高管理层，以达到控制企业的目的。中小股东持有的股份一般较少，通常无法参与企业的经营管理。虽然中小股东有权依据持股的比例要求企业保证其利益，但是因为大股东与中小股东获取的信息存在巨大的偏差，所以大股东极易通过各种途径侵犯中小股东的利益。

大股东侵犯中小股东的利益主要表现在以下五个方面：①通过联络性贸易实现企业的利益转移。②采用不法手段侵占企业的巨额资金，或者以企业的名义进行恶意融资与担保。③欺侮企业的中小投资方，散布缺乏真实性的消息，控制股票的价格。④将专项津贴和薪酬超额支付给大股东派遣的高级管理人员。⑤通过不合理的股利策略导致中小股东的利益遭受侵害。

目前，大股东侵害中小股东利益的情况屡见不鲜。因此，如何保护中小股东的利益成为一个亟待解决的问题，通常可以采取以下策略在一定程度上限制股东的行为。

第一，要使企业的管理体系更加完善，使董事会、监事会和股东大会能够互相监督和制约。具体而言，首先要运用法律，增加投票权、知情权和裁决权在中小股东中的比重。《中华人民共和国公司法》要求股东大会在选举监事或董事时，可以依据股东大会的决议或企业章程的规定，采取累积投票制。由此可以防止大股东对监事或董事的选举加以控制，弥补“一股一票”投票制的缺陷；对股东浏览与拷贝企业的相关政策、会计账簿与经济报告等权限进行了相关说明；提高董事会中独立董事的占比，在董事会中行使表决权，为维护中小股东的利益发声；完善监事会，使监事会能够监管企业管理者与董事会，从本质上确保监事会的自主性，同时给予监事会更大的起诉与监管权限。

第二，要对企业的信息披露体制加以规范，确保信息的完整性、真实性和时效性。信息的完整性即全面公开可能对投资方做出决策产生影响的信息；信息的真实性意味着应在公示消息中公布企业运营的真实情况；信息的时效性则意味着信息的传递要及时，以便投资方迅速地做出相关决定。此外，要对展示信息的原则与财会系统加以改善，加大对披露信息的监督力度，对于擅自披露信息的行为要严加惩治。

(3) 债权人与股东之间的矛盾。当债权人将资金借给企业时，企业与债权人之间就产生了委托—代理关系。然而，当企业运用债权人提供的资金取得了较大收益时，股东可能会侵犯债权人的利益。债权人遇到风险时具有以下两种对策：①债权人会在债务相关条款中设置规范性的条款，以维护自身的利益不受损失；②如果债权人发现自己被股东利用，就会减少与企业的业务往来，还可能会要求企业以高利率的方式补偿自身的损失。

2. 社会责任与利益法人冲突

要想实现股东财富最大化，企业必须承担社会责任，而承担社会责任需要付出一定的代价。为了弥补成本，企业就会对产品的售价进行提升，这就不可避免地会导致企业在与同行业其他企业的角逐中处于弱势的地位。此外，如果企业在社会公益类活动中投入了大量的资源，就会面对源于资本市场的重重困难。因为在资本市场中，投资方往往对利润增加和股价上涨的企业予以高度重视，而对为社会公益活动投入大量资源的企业淡然置之。

尽管股东财富最大化的目标与承担社会责任之间存在矛盾，但企业必须承担社会责任。实际上，股东财富最大化与企业所需承担的社会责任之间的关系是不可分割的。企业既要积极地承担一定的社会责任，又要通过法律法规规范自身行为，严格履行劳动合同，维护消费者的权益，防治污染，遵守相关法律法规等。

（四）财务管理目标的实现措施

企业的财务管理目标受制于各种各样的外在或内在因素，由于不同企业财务管理的出发点存在差异，其财务管理目标也会有所不同，但它们有一个共同的标准，即企业价值最大化。实现企业财务管理目标的措施主要有以下四点。

第一，制订完善的财务计划，并保证财务计划符合企业的整体战略目标，促进实现企业自身价值的最大化。首先，要根据企业的总体目标，拟定详细的财务管理策略，不仅要考虑财务方面的问题，还要考虑企业预期可能面临的各种情况，以提高企业灵活应对突发状况的水平，把握为企业带来利润的机遇。其次，在明确财务管理策略后，要提前对资本进行估算，进而细化各种预算，如现金的收入和支出、长期投资举措和短期信用贷款等，并将其作为企业进行财务管理的基础和依据。

第二，使企业的投资回报率达到最大。调控成本是企业获取利润的基础性渠道，但仅依靠调控成本通常无法改变企业的危机状况。企业在管理流动资金、投资、证券时，要尽量减少成本，以获取最大的利润，从而最大限度地提高企业的整体边际效应。

第三，使企业的资金运用率达到最大。要使企业获利，低廉的成本和高资金利用率必不可少。转变资金的利用方式，运用有限的资金生产更多的高利润产品，可有效地改善资金运用率，激活存量资金，提升产品的数量，改进产品的功能结构，销售满足社会需求的产品既是市场的战略，也是成本—利润战略。从企业的策略角度来看，提升资金的运用率是实现企业价值最大化的实用性渠道。

第四，对财务进行正确的解析。一般情况下，企业在提高内部的监管能力时，倾向于对提升企业的盈利水平、筹资构造展开解析，对企业过去的经济状况和运营效果进行判断，并对企业将来的运行态势进行预估。这样有利于企业发现亟待解决的问题，以提升企业的经济效益和应收账目的转化率，为企业提供有价值的参考信息，帮助企业早日达成财务管理目标。

第二节　企业财务管理的作用与环境

一、企业财务管理的作用体现

(一) 企业经营中财务管理的作用

企业从事经济活动，必须拥有一定数量的资金购置生产资料、支付职工工资和维持日常开支。企业资金的筹集、组织是由财务活动实现的，这是财务管理的基本职能或一般要求。财务部门根据企业生产经营任务，按照节约使用资金的原则，确定必需的资金数量。通过正确地组织和使用银行贷款以及企业内部形成的资金来源等渠道，使企业所需要的资金得到及时供应。通过有计划地调度资金，组织资金收支在数量上和时间上的衔接与平衡，保证资金循环、周转的畅通无阻。此外，通过经常分析资金在生产经营各个阶段上的占用情况，找出不合理的占用因素，以采取措施加速资金周转。

财务管理的作用还在于严格控制、监督各项资金的使用，降低资金占用。财务部门组织资金供应，要按照国家政策和规章制度及企业财务制度办事，严格控制开支范围和开支标准，在保证需要的前提下力求减少生产过程和流通过程中的资金占用，以提高资金的利用效率。

第一，由企业意识文化决定。创造经济价值是企业创立和发展的动力和目标所在，所以企业制定财务管理目标也是为创造经济价值而服务的，经济价值的创造离不开企业的产品质量、成本管理等因素，这些因素从本质上来说是在企业的文化制度下产生的，所以也可以说企业的意识文化决定了企业的财务管理工作职责。

第二，与市场运行环境关联。国内的市场经济受控于国家的政策，企业的经营行为也受到国家法律政策的作用，所以企业要想获得可持续发展，就应该按照国家相关文件的要求开展企业财务管理工作。

第三，与资产保值增值相关。企业不管是进行研发还是进行生产和销售，都需要企业资产价值的支撑，企业销售产品是为了获取新的经济效益，从而确保企业的稳定持续发展，为了企业的良好运作，就要保证企业的经济效益比运营成本要高出许多，如此才能确保企业资产的增值。

企业的生产由面向仓库转为面向市场，产品主要由市场进行调节。生产什么、生产多少，要适应市场的需要，因此，企业的经营决策对企业至关重要。正确的经营决策在能够满足社会和人民群众需要的同时，还能给企业带来较多的盈利。与此相适应，财务管理也要冲破传统观念，提出新的研究课题，开辟新的研究领域。目前，我国有些企业的财务部门，结合实际学习国外经验，在财务管理方面进行了有益的尝试。他们变静态管理为动态管理，利用有利的条件主动参与企业经营各个环节的预测、组织调节和监督检查。由于财务部门的管理职能渗透到经济活动的各个环节，因而掌握着企业中比较完整、系统、总和的信息。财务部门结合市场预测进行不同的定量分析，在得失相比中选择最优比值，为企业领导者经营决策提供方案。

搞好财务管理，对宏观经济也有重要的意义和作用。主要表现在：加强财务管理是改善国家财政状况、保证财政收入不断增长的重要途径，企业是国家财政收入的主要源泉，企业财务状况直接影响、决定着国家的财政状况。加强财务管理，对确保国家财政收入有两方面的作用：一方面，财务工作做好了，可以有效降低劳动消耗，提高企业的经济效益和盈利水平。在企业与国家的分配比例确定的情况下，企业盈利多了，自己可以多留，国家可以多得。通过发展生产提高经济效益来扩大财源，是增加财政收入的根本出路。企业的经济效益搞上去了，国家的财源才能充裕。另一方面，加强财务管理，严格执行国家规定，及时、足额地缴纳税利，从而达到企业财务管理的最佳应用效果。

（二）财务管理是提高经济效益的手段

提高经济效益，是要以尽量少的劳动消耗和物化劳动消耗，生产出尽可能多的符合社会需要的产品。能否把我们的全部经济工作转到以提高经济效益为中心的轨道上来，直接关系到我国的经济振兴。提高经济效益是一个大课题，需要多层次、多层面的相互协作才能奏效。就企业而言，在确定产品方向、确保产品质量的前提下提高经济效益，就要在降低劳动消耗上下功夫。而财务管理的重要任务，正是合理地使用资金和设备、加强经济核算、挖掘一切潜力等，这些无一不是围绕降低消耗这个目标展开的。财务管理在提高企业的经济效益方面，至少可以发挥三种重要的作用。

1. 发挥反映作用

企业经营得好坏、效益高低，是实实在在的东西，不能凭印象，而是要经过详细的、科学的计算和分析才能准确地反映出来。对企业在生产经营过程中原材料的消耗、劳动力价值形式进行科学的归纳、计算，这是财务和会计的固有职能。

没有这种扎扎实实的计算，经济效益的好坏就无从判断。反映经济效益最重要的信息是财务报表。企业在一个时期花费了多少，盈利了多少，通过财务报表可以看得清清楚楚。

2. 发挥控制和监督作用

财务部门通过制订财务计划和财务制度，确定各项产品和劳务的成本，规定各种费用标准，严格按定额和开支标准办事，就能有效地控制消耗水平。否则，原材料消耗和开支便无章可循，任意挥霍浪费，提高经济效益就是一句空话。发挥财务的控制和监督作用，还可以使职工的生产经营活动有一个共同遵守的准则，这有利于建设正常的生产管理秩序。这是提高经济效益的需要，也是建设现代化企业所必须具备的条件。

3. 发挥参谋作用

财务部门通过分析资金运动中出现的问题，可以敏锐地发现并揭示资金运动背后掩盖着的经营管理中的问题，及时向企业领导有关部门提出建议。同时，财务部门通过经济活动分析，把实际消耗水平与计划水平相比较，就能够找出差距和薄弱环节，为降低消耗、提高经济效益出谋划策。

二、企业财务管理的环境分析

(一) 经济环境

经济环境是指影响那些对企业财务活动的各种经济因素，例如，经济发展水平、经济周期、通货膨胀、政府的经济政策等。

1. 经济发展水平

经济发展水平制约并决定着财务管理水平的高低，经济越发达财务管理水平越高。同时在不同经济发展水平下，财务管理的内涵和要求也有较大差异。随着我国经济的高速发展，企业财务管理水平日益增高，财务管理内容也更加丰富，方法也更加多样化。因此，企业财务管理工作者必须积极探索与经济发展水平相适应的财务管理模式。

2. 经济周期

经济总是在周期性波动中运行，并依次经历萧条、复苏、繁荣和衰退四个不同阶段，这就是经济周期。而在不同阶段企业理财的方法、原则、具体措施等都会有很大差异。例如，在繁荣阶段企业一般会增加投资、扩大生产，而在萧条时期通常会收缩投资、加速资金回笼。另外，作为一个高水平的理财人员，总是要对经济的周期性波动做出预测，并适度调整理财策略和方法。

3. 通货膨胀

通货膨胀是指流通中的货币供应量超过商品流通所需量而引起价格普遍和持续上升的一种经济现象。通货膨胀会引起价格不断上升，货币贬值，严重影响企业经济活动，为解决成本上升、商品滞销、企业资金周转困难、成本补偿不足、虚盈实亏、企业资金流失等，企业必须采用积极主动的措施减少因通货膨胀所造成的负面影响，如使用套期保值、签订长期合同等。

4. 政府的经济政策

建立社会主义市场经济体制以更好地解放和促进生产力发展是我国进行经济体制改革的主要目标。在这一总的原则下，国内的财税体制、外汇体制、外贸体制、计划体制、投资体制等都得以良好的发展和改善。这些措施的改革，也对国内的经济生活产生了深远的影响，同时也确保了国内企业财务活动的顺利开展。经济政策对企业财务管理的影响是非常大的，这就要求企业财务管理人员必须把握经济政策，更好地为企业的财务管理活动服务。

（二）金融环境

企业的经营活动和投资活动都离不开资金的支撑，资金一般来源于两个方面，即企业的自由资金和融资资金。

企业的筹资、投资及资金运营活动都会受到国家金融政策变化的影响。因此，企业最重要的生存环境就来自金融环境。

1. 金融机构

一般包括银行金融机构和其他金融机构。银行金融机构主要包括各种商业银行和政策性银行。商业银行，包括国有四大商业银行和其他商业银行；国家政策性银行主要包括中国进出口银行、国家开发银行等。其他金融机构包括金融资产管理公司、信托投资公司、财务公司和金融租赁公司等。

2. 金融工具

金融工具是能够证明债权关系或所有权关系，并据以进行货币资金交易的合法凭证，它对于交易双方所应承担的义务与享有的权利均具有法律效力。

3. 金融市场

金融市场是指资金供应者和资金需求者双方通过金融工具进行交易的场所。从企业财务管理的角度来看，金融市场作为资金融通的场所，是企业向社会筹集资金必不可少的条件。财务管理人员必须熟悉金融市场的各种类型和管理规则，有效地利用金融市场来组织资金的筹措和进行资本投资等活动。

（三）技术环境

为实现财务管理目标而采用的技术手段被称为财务管理的技术环境，它直接影响着财务管理的效果和效率。

从企业内部的角度来看，会计信息主要是为管理层服务的；从企业外部的角度来说，会计信息主要是为企业的投资者和债权人服务的。现在会计信息化工作的主要目标是打造一个具有高素质会计信息化的人才队伍，促进企业会计信息化和经济管理信息化的统一和融合，促进企业管理水平和风险防范能力的提升，实现资源的共建和共享，让会计信息发挥更大的作用和价值。同时也要促进会计师事务所对企业财务报告和内部控制审计的信息化发展，以确保审计的高效高质完成；当然还要促进政府会计管理和会计监督的信息化发展，以确保会计管理水平和监管效能的提升。会计信息化工作的全面推进，有利于国家会计信息化与世界的接轨。而且，随着国内会计信息化的发展和推进，将有利于国内企业财务管理技术环境的改进和完善。

（四）法律环境

在市场经济条件下，企业总是在一定的法律前提下从事其各项业务活动的。一方面，法律提出了企业从事各项业务活动必须遵守的规范或前提条件，从而对企业行为进行约束。另一方面，法律也为企业依法从事各项业务活动提供了保护。

在市场经济中，政府通常要建立一个完整的法律体系来维护市场秩序。

从企业的角度看，这个法律体系涉及企业设立、企业运转、企业合并和分立以及企业的破产清理。其中，企业运转又分为对企业从事生产经营活动的法律规定和企业从事财务活动的法律规定。一般来说，企业设立、合并和分立是通过《中华人民共和国公司法》(以下简称《公司法》) 进行约束的；企业破产清理是通过《中华人民共和国企业破产法》(以下简称《企业破产法》) 进行约束的；企业生产经营活动主要是通过《中华人民共和国民法典》《中华人民共和国消费者权益保护法》《中华人民共和国环境保护法》《中华人民共和国反垄断法》等进行约束的。

企业财务活动是通过《中华人民共和国会计法》《中华人民共和国证券法》《中华人民共和国票据法》《企业财务通则》《企业会计准则》以及税法及相关规定等进行约束的。

此外，在企业设立、合并和分立以及破产的有关法律规定中，其主要内容都直接与财务活动相联系。将这些内容与对财务活动运行过程进行规定的法律联结起来，就可以形成一个完整的有关财务活动的法律体系，它会对财务管理产生直接的影响和制约作用，而有关企业生产经营活动的法律规定也会对财务管理产生间接的影响和制约作用。

从整体上说，法律环境对财务管理的影响和制约有以下四个方面：第一，在筹资活动中，国家通过法律规定了筹资的最低规模和结构，规定了筹资的前提条件和基本程序。第二，在投资活动中，国家通过法律规定了投资的基本前提、基本程序和应履行的手续。第三，在分配活动中，国家通过法律规定了企业分配的类型或结构、分配的方式和程序、分配过程中应履行的手续，以及分配的数量。第四，在生产经营活动中，国家规定的各项法律也会引起财务安排的变动，或者说在财务活动中必须予以考虑。

第三节　企业财务管理的价值观念

价值管理是现代财务管理价值观念的主要内容，在财务管理活动中占据着重要地位，它集价值观念、管理哲学于一体，同时也体现出了财务人员对财务管理活动的态度和处理方式。为了有效地组织财务管理工作，实现财务管理的目标，企业财务管理人员必须树立一些基本的财务管理观念，还必须考虑货币时间价值和投资风险价值问题。

一、货币时间价值

货币时间价值也称为资金时间价值，资金是企业不可或缺的一个重要因素，它通过一段时间能够产生新的价值，这一价值便是资金的时间价值。同样的资金，经过的时间不同，会产生不同的价值，企业最为重要的财富就是资金，它会随着企业的发展而不断增值。获得更多的企业价值和更多的资金增加也是企业存在的意义。货币时间价值是指资金在时间的发展中所产生的变动价值。从马克思主义政治经济学的角度来说，货币时间价值是由工人的劳动所创造的。这也是货币时间价值内涵的体现，虽然货币看似是通过时间发展而产生的，但是事实上，它是由工人的劳动而产生的，其中包括两个组成部分：一是工人的工资，二是资本家获得的超额利润。

资金在企业经营活动中并非静止不动，而是随时处于周转之中，企业并不会保存大量的现金。因为只有将资金投入生产中才能产生更大的价值，这也是常见的资金流动方式。此外，企业还可以通过银行等机构进行资金的借入，并向借款机构支付一定的利息，企业只有确保资金运作效率即资本报酬率高于借入成本的利息率，才能为企业发展提供条件，目前很多企业都是采用这一经营方式。当然企业对自有资金因素影响也要予以考虑，它可以为企业带来利息收入，这一部分也是企业机会成本的组成，是另一种形式的货币时间价值。

资金不会自动随时间变化而增值，闲置的资金不会增值，而且还可能随着通货膨胀贬值，只有将资金进行投资，才能通过时间获得收益，也是货币所有者让渡其使用权而参与社会财富分配的一种形式。货币时间价值来源于资金进入社会再生产过程后的价值增值，从本质上说，它是由于资金周转而产生的一种利润或资金增值。企业可以将筹集的资金用于劳动资料和劳动对象的构建，并通过劳动者的劳动付出，从而创造价值或实现价值的转移和增值。

相同的资金在不同的时点上，其价值是不同的，货币时间价值可以被看成资金的使用成本。由于社会资源具有稀缺性特征，并可以产生更多的社会产品，因此现在物品的效用往往比未来物品的效用更高。从经济学角度而言，现在的货币可以满足现在商品的支配，从而满足人们的现实需要，将来的货币只能对将来的商品进行支配，而且人们将来的需要具有不确定性，如果要节省现在的一元不消费而改在一年后消费，因为现在单位货币价值要高于未来单位货币的价值，所以在一年后消费时必须有大于一元可供消费，作为弥补延迟消费的贴水，就会产生利息。利息是指投资者投资会导致消费推迟，无法进行现期消费而产生的一种报酬方式，其报酬量与推迟时间之间具有正比关系。

资金的时间价值表现形式包括以下两种：一是相对数，二是绝对数，也称为时间价值额，是指资金在周转过程中所产生的价值增长数，是定额的资金乘以时间价值链而得出的，也是使用货币资本的机会成本，货币时间价值的大小通常是用利息来衡量的，其实质内容是社会资金的平均利润。货币时间价值是时间的函数，随着时间的推移而发生价值的变化，相对数即时间价值率，一般用无风险的投资收益率来代替。实际上，投资报酬率包括国库券利率、银行存款利率、银行贷款利率、债券利率等，但是它们和时间价值率有所不同，只有在不考虑风险和通货膨胀的影响时，才可以将其看成时间价值率。若是在通货膨胀率不高的情况下，由于国债具有最高的信誉度、最小的风险等优势，而可以将其等同于时间价值率。货币的时间价值是公司资金利润率的最低限度。

财务管理中对时间价值的研究，主要是对资金的筹集、投放、使用和收回等从量上进行分析，以便找出适用于分析方案的数学模型，进而改善财务决策的质量。

企业在生产经营决策中将货币时间价值作为一个重要的因素来考虑，在筹资管理中，资金的获取是需要付出代价的，这个代价就是资金成本。资金成本和企业的经济效益有直接关系，因此企业在制定筹资决策时要重点关注这一问题，由于项目投资要耗费较长的时间，因此需要对货币时间价值进行关注和考虑。由于竞争，市场经济中各个部门投资的利润率趋于平均化，每个企业在投资某项目时，至少要取得社会平均的利润率，否则不如投资于另外的项目或另外的行业。因此，货币的时间价值成为评价投资方案的基本标准；在证券投资管理中，收益现值法是证券估价的主要方法，同样要求考虑货币时间价值；在企业存货管理中，对销售积压存货、保管费用等，都应充分考虑货币的时间价值，以使资金发挥最大的经济效益。

二、财务风险价值

(一) 财务风险的基本认识

1. 风险认识

风险即指预期结果的不确定性。虽然人们在提到“风险”时，通常指可能遇到的危险或损失、失败。但事实上，风险存在两种可能：一是带来预期损失，二是带来预期收益。因此，风险的不确定性也表现在不仅是指损失的不确定性，还包括收益的不确定性，这就是广义上的风险概念。当然，从风险防范的角度来讲，应将重点放在狭义的风险上，即高度重视损失的不确定性。但从风险防范的层面上分析，应当给予损失和收益的不确定性同等的重视。

在明确风险含义的基础上，现将风险的特征归纳为以下五点。

第一，客观性。风险的存在与发生不以人们的意志为转移（尤其是自然灾害所引发的风险）。风险的客观性表明，风险的存在独立于人们的主观意识之外。

第二，不确定性。不确定性是风险最本质的特征，受客观条件变化的影响，加上人们不能充分地认识和分析未来环境，所以这也是结果具有不确定性的主要原因。

第三，可控性。虽然风险具有不确定性和偶然性，但大量风险事件的发生具有必然性，并呈现出一定的规律性与可测性。因此，风险的发生可用概率等方法加以测度，并可对其进行有意识的控制。

第四，两面性。风险不仅是指损失的不确定性，而且还包括收益的不确定性。认识风险的两面性，有利于人们在实际工作中树立正确的风险意识，不仅要尽力避免风险损失，也要努力创造风险收益。

第五，动态可变性。随着对风险产生和发展规律的逐步掌握，人们预测和控制风险的能力大大提升，人们通过采取一些措施，在一定条件下，转化、消除或减少风险发生的损失。虽然风险可以转换，但是在不同阶段，新的风险仍然在不断地产生。

2. 财务风险的定义

财务风险是指企业面临的内外部环境是变化的，具有很多不确定因素，所以这也是造成企业损失可能性的最大原因。

财务风险从狭义上来说是一种融资风险，也就是指企业无法在规定时间内偿还借款所产生的本金和利息而造成的经营风险。该观点认为金融风险和债务融资有着直接关系，企业的财务风险是由企业的负债所产生的。企业为了扩大生产规模，就不得不进行外部融资，其目的是促进企业利润水平的提升，平衡企业财务杠杆能力。当然高回报必然具有高风险，企业利益杠杆原则时也必然导致财务风险增加。

财务风险从广义上来说包括影响企业实际收入和预期收入之间产生差距的所有风险。具体来说分为两大类：一类是可以数据化的风险因素，另一类是不可数据化的风险因素。财务风险的广义定义更符合其实际情况，它不仅考虑到资金风险，也涉及运营中所产生的任何风险。企业的财务管理和外部政策、市场环境和企业内部控制机制之间都有着密切的联系，所以企业管理层应该从广义的角度来看待企业的财务风险，如此才能更好地做好应对措施。

以上论述表明，财务风险并非只涉及财务活动，它同时也会产生于企业的筹资阶段、投资环节及营运阶段，因此从广义的角度来理解财务风险更为恰当。

3. 财务风险的类型

企业的经营主要包括筹集资金、资金的使用和期末利润的分配等环节，企业在进行资本运作的过程中，会遇到各种不确定的因素，这也是财务风险产生的主要原因，受各种特征和财务风险来源不同的影响，会产生不同的外在表现。

(1) 筹资风险。筹资风险是指企业因生产经营及企业战略需要等，而选择外部借款，由于无法确认外部借入资金能够妥善利用，产生预期利润而导致借款无法到期支付的一种风险。物流行业的筹资风险往往是由其物流市场的变化而产生的。企业的经营运作离不开资金，所以筹资的风险将直接影响企业的发展和壮大。

资金筹集方式主要包括两种形式：一是股权筹资，这种方式对企业控制权进行了分散，其优势在于没有定期还款的要求，具有较小的财务风险；二是债务筹资，即通过银行借款或融资租赁方式实现筹资。企业良好的信誉是进行股权投资的前提条件，投资者看好企业的未来发展而选择投资，若企业经营不善，导致投资者无法获取预期收益，则其市场价值就会随之降低，无法获得投资者的信任。债务筹资也需要企业确保可以让资金取得收益，否则将会加剧企业的财务风险。

(2) 投资风险。投资风险是指企业在进行对外投资和对内投资的过程中，受各种不确定因素的影响，企业的未来投资收益也具有不确定性，会造成企业无法获取预期收益甚至散失本金。如物流行业，因为其具有较长的投资周期，在这个过程中会遇到各种不可预测因素的影响，从而加剧投资风险。

根据投资的最终目标，可以将投资活动分为战略性投资和维持性投资两种主要方式。战略性投资是从企业的全局和长期发展目的来制定的，主要包括对更新换代产品投资和调整经营方向等方式；维持性投资主要是对当前的业务进行维护，风险较小，如对企业设备进行升级等。可行性分析和资源的合理配置是企业投资活动之前的准备工作，是必不可少的。

（3）营运风险。营运风险是指因企业资金周转效率低下等原因，造成企业管理上产生的一些不确定因素，从而影响到企业的财务状况，使得企业无法正常运行，导致企业经济遭受损失的一种风险。

企业增加存货量、无法及时收回货款或提前付款等都会导致企业的资金流受到影响，从而产生营运风险。经营生产过程中，资金周转也有各种不确定因素，企业应该及时地疏导和提升财务运营的调整，有效衔接财务部门和其他部门的沟通，促进各个部门的政策稳定运营，兼顾好企业的目前利益和长远规划的关系，如此才能确保企业获得更高的利润。

（4）收益分配风险。如果不能合理分配企业利润，则会导致企业收益分配风险的产生。企业获取的利益需要先弥补以前的年度亏损，扩大经营规模是企业获益的主要目标，因此企业获取的利润要先满足企业内部的资金周转需要，剩余部分才能用来进行投资者收益分配。留存收益能够为企业的正常运行提供保障，促进企业抗风险能力的提升，确保企业获得长远稳定发展。当然收益分配的多少也将直接影响到投资者的投资意愿和积极性，利润分配太少会影响企业的股价和公司形象。因此，企业应该遵循统筹兼顾的原则来进行收入分配，对企业资金进行合理配置，对资本结构予以优化，从而获取企业可持续发展的动力。

4. 财务风险识别方法

财务风险评价和控制的首要工作就是识别财务风险，这需要对企业所处的外部环境和内部环境进行分析，有效地把握企业经营中存在的各种因素，对可能产生的不利影响进行发现和防控。

识别财务风险可以采用以下两种方法。

（1）定量分析方法。定量分析方法主要由以下两种方式组成：一是报表分析法，是在企业归纳和分析财务报表及相关信息的基础上对报表摘要进行概括，从而深入了解企业财务风险的一种方法；二是财务报表分析法，是指企业计算和比较财务报表的各种财务指标信息，并对企业经营数据走势和变化进行真实的反映，从而有效地控制财务风险。

（2）定性分析方法。定性分析方法包括以下两种：一是专家评议分析法；二是头脑风暴法。以上两种方法都是在归纳和集中各种观点，对专家经验和知识进行利用，整体进行思考，从而得出科学合理的结论。两种方法最主要的区别在于：头脑风暴法能够将专家们的主观能动性和创新性进行合理利用，但是专家评议法则更关注整理和综合各位专家的意见。

财务风险评价是在各种因素影响下发现真相，对财务风险进行精准识别，并对可以真实反映企业风险情况的财务比率进行选择，采用合适的财务评价方法对企业的财务风险水平进行识别。

财务风险评价方法也包括两种：一是定性评价方法。这是基于管理层的经验对财务风险领域进行判断和分析，能够全方位地对风险进行考虑，不过这种方法也在很大程度上被主观因素所制约，具有较大的评价结果弹性。因此不能仅仅依靠经验和判断来评价企业财务风险，更需要采用量化的工具和方法予以辅助，从而确保评价的科学性、准确性和有效性。为此，很多学者也进行了大量的实践和研究。二是定量评价方法。这种方法是基于财务数据上进行量化指标的确定，并采用数量分析方法对财务风险的数值和评分进行反映，从而客观地对 UID 评价对象进行价值判断。Z 计分模型法、层次分析及因子分析法、功效系数法等都是较为常用的定量评价方法。

（二）财务管理的风险价值界定

财务学、投资学和金融学都非常重视对风险的研究，各个学者对风险的认识也有较大的差异。有的观点将风险看成一种危险，将不利于企业的平稳发展；也有观点将风险看成一种机会，它能为投资者带来超额报酬；不过较为常见的意见是认为风险是一种不确定因素，它对企业的影响可能是正面的，也可能是负面的。所以说人们认识的风险各有不同，从企业的角度来说，风险的存在有利有弊，只要准确地把握好风险因素，对其投资机会进行客观的分析，抓住风险带来的机会，才能有利于企业的可持续发展。较高的投资风险可以带来较好的投资收益，从博弈论的角度来说，只有对风险进行准确评估，才能获得较高收益，而不是所有人都能够获得的。企业的经营活动和风险是同时存在的，风险对于企业来说，既是一种挑战，也是一种机遇，这便是我们常说的风险价值。

（三）财务管理中风险价值的运用意义

风险价值是指在一定的资信水平下，金融资产和证券组合可能在未来时间内形成一定的损失，它可以对投资风险进行量化，风险防范、风险预测和绩效评价都是依次进行的。从企业财务管理的角度来说，风险价值量化工具的引入具有以下两个方面的意义。

第一，有利于化解财务危机。企业在财务管理中必然会遇到各种财务风险，根据财务风险的形成原因不同，可以将其分为两类：一是外在因素，包括市场经济环境、政策环境和行业特征；二是内在因素，包括企业投资决策、制度执行以及经营管理等因素。如果企业不能对财务风险进行及时的管控，将会导致面临各种财务危机。所以有必要引入风险价值工作，从而确保企业管理者能够根据企业的实际情况来制定准确的应对措施，防止企业受财务风险所累，产生财务危机甚至破产。

第二，有利于强化财务风险分析。传统的风险管理往往没有量化的风险衡量方法，所以不能对企业所面临风险的大小进行准确的表达，也不能对内外风险因素所产生的影响大小进行全面的分析和考量。风险价值指标则包括传统财务评价指标和市场风险评价指标两类，能够对资产投资组合发生的风险概率进行量化分析，从而促进企业风险管理的精细化发展。当然，采用风险价值来评价风险情况，有利于企业对风险成因、预测风险危害和预测未来财务状况进行分析。

第四节　企业财务管理的组织与职能

一、企业财务管理的组织

（一）企业财务管理体制的建立

要做好财务管理工作，必须建立和完善企业财务管理体制。企业财务管理体制的建立要遵循以下原则。

第一，统一政策法规、制度与分级管理。按照现代企业管理体制的框架，在财务管理上，企业既能公平竞争，充满活力，正常发展，又能活而不乱，不偏离国家的政策导向。国家对以国有经济为主体的所有制企业的财务活动，制定了统一的政策、法规和制度，包括财政税收，国有资产管理的法律、法规，各种财务、会计制度等。对于国家统一制定的政策、法规和主要制度，企业财务人员必须严格遵守和执行；如有违反，将承担经济和法律责任。

第二，企业财务的自主权与财务责任与经济利益息息相关。财务自主权是企业财务管理体系的关键。国家在宏观政策上赋予企业一定的权利，同时也规定了相应的财务责任，企业财务管理人员都必须全面履行。企业管理在拥有权利、承担责任的同时，也享有相应的经济利益。在国家赋予企业的各项自主权中，每项都规定了相应的经济利益。这样，既重视企业财务自主权，又将财务责任和经济利益密切联系在一起，把权、责、利三者结合起来，使财务管理体制适应企业生产发展的需要，充分发挥财务管理的作用，使国家、企业、职工利益得以兼顾。

第三，企业财务管理体制必须与财政、税收和信贷等管理体制相适应。企业财务管理体制并非独立存在，它同政府管理部门、各系统有紧密联系。这些部门有财政、税务、信贷、价格、劳动、计划等部门，其中财政、税收管理部门尤为重要。企业财务管理体制，必须与之相适应。企业财务管理体制同政府各部门管理体制相适应，可以使企业财务更好地同政府各部门建立新型的财务关系，使企业财务更好地发挥作用。

（二）企业财务管理机构

财务管理机构是企业组织财务活动的主要条件，企业财务管理机构的设置与企业规模大小、社会经济发展水平、经济管理体制有密切的联系。目前，我国企业财务管理机构的一般形式主要有以下两种。

1.传统财务管理体制形式

传统财务管理体制形式是将财务和会计管理两个机构合并在一起的。企业一般设一个财会科室，由总会计师或主管经济的副厂长来领导财务和会计两个方面的管理工作。

2. 财务与会计分别设置管理机构

企业财务部门担负着筹集资金，运用资金，分配盈利，对外投资及预测、决策、计划、控制、分析的主要任务。

在市场经济条件下，需要把财务机构同会计机构分开设置。财务与会计分别设置管理机构，有利于财务会计责任清楚，各自发挥作用。保证财务工作和会计工作适应市场经济的需要。对于一些小型企业仍可以采取财务与会计机构合并设置的传统方法，但财务人员应明确分工，各司其职，充分发挥两者各自的作用。

二、企业财务管理的职能

财务管理的职能是指其职责和功能。财务管理的基本职能是财务决策。复杂多变的市场需求和企业环境，要求企业能够针对各种不确定的经济因素，及时作出科学有效的决策。财务管理不仅要对企业涉及全局性的重大事项提出决策，以制定与企业目标相一致的财务管理目标，而且要对各种具体目标做出决策。如选择什么样的筹集渠道和筹集方式，决定什么样的投资方向和投资规模，企业生产经营的各个环节如何安排资金投放，怎样组织收入，怎样确定分配方案等。因此，企业财务主管人员的主要精力，要放在财务决策上。财务决策，是企业现代财务管理工作发展中的基础职能。

以此为前提，企业财务管理还有下列四项职能。

(一) 财务预测职能

财务预测是指紧密贴合实际情况、任务要求和现实条件，充分依托财务活动流转中形成的数据资料，进而对企业发展时的财务活动、财务流转、财务收益进行合理、科学的预估和测算。

财务预测职能的发挥，取决于财务活动历史资料的可靠程度和有关影响企业经济环境的各种信息的质量和数量，以及预测方法的正确选择和运用。

(二) 财务计划职能

财务计划是财务管理人员对未来的财务活动进行规划和安排，是在财务预测的基础上，对企业经营目标和财务目标的系统化和具体化，是财务监督控制和财务分析的主要依据。财务计划职能的发挥，取决于财务计划的积极与务实程度，以及财务收支的平衡程度。

(三) 财务监督与控制职能

财务监督与控制是按照财务计划目标和确定的标准，对企业财务活动进行监督、检查和调节，将财务活动的实际成果与财务计划目标相对照，发现差异，找出原因，采取措施，纠正计划执行中的偏差，以确保财务计划目标的实现。

财务监督与控制职能，应贯穿于企业财务活动的全过程。

(四) 财务分析职能

财务分析是以核算资料为主要依据，对企业财务状况和财务成果在调查研究的基础上进行评价，分析影响计划执行的因素，挖掘企业潜力，对企业未来前景提出改进建议。财务分析职能的充分发挥，可以对企业财务状况及财务成果做出准确的判断，从而提高财务决策的正确性。

第二章　现代企业财务管理的内容范畴

当前，伴随着经济社会发展和市场体制变革，现代企业急需进一步优化财务管理工作。作为现代企业管理工作的核心内容，财务管理工作在一定程度上决定了企业的兴衰，只有财务管理工作正规有序，企业管理水平才会稳步提高。本章着重分析现代企业财务管理的内容，主要包括筹资管理与投资管理、营运资金与负债管理、收入与利润分配管理。

第一节　筹资管理与投资管理

一、筹资管理

（一）企业筹资概述

当前财务管理领域一致认为，企业筹资是以企业为主体，以生产管理经营、合作投资贸易和资本结构优化为目标，依托特定渠道载体和方式方法进行资金获取的一种行为[①]。

1. 企业筹资的分类

根据标准的不同，企业筹资可以分为不同的类型。

（1）以资金来源的渠道为标准划分，可以将企业筹资分为权益性筹资和负债性筹资。

权益性筹资，主要指现代企业依托内部积累资金、吸收现有直接投资或发行股票等手段筹集到的资金，也可以称为自有资金筹资。这种筹资方式的优势是具有较小的财务风险，并且一般不用还本金；缺点就是往往有较高的资金付出成本。

① 吕文，程兰兰．财务管理[M]．武汉：华中科技大学出版社，2017：79.

负债性筹资，主要指现代企业依托筹资租赁、发行债券、向银行借款等手段筹集到的资金，也可以称为借入资金筹资。这种筹资方式的优势是资金付出成本比较低，但是相对于权益性筹资，风险较高，到期后需要按约定归还本金，支付利息。

（2）以资金筹集后的使用期限为标准，可以将企业筹资分为长期资金筹集和短期资金筹集。

长期资金筹集，其使用期限往往在一年以上，或者具有超过一年的单个营业周期。这种长周期资金往往来源于发行股票或债券、吸收直接现有投资、筹资租赁、长期借款和利用留存收益，投资的重点大多是新产品新技术的开发探索和推广应用，以及扩大企业生产规模、修缮厂房、更新设备等，时长基本为几年甚至十几年。

短期资金筹集，其使用期限往往在一年以内，或者具有超过一年的单个营业周期以内。这种短周期资金往往来源于向银行短期借款、转让应收账款、发行短期筹资券及商业信用贷款等方式，投资的重点往往是应收账款、存货和现金等，基本上在短期内都能收回资金。

2. 企业筹资渠道

筹资渠道主要指所筹集资金的源头方向和流动渠道，其表征着资金的来源与流量。当前，我国现代企业主要有以下六种筹资渠道。

（1）银行信贷资金。这种渠道也是我国当前绝大部分现代企业最主要的资金筹集来源。就我国来说，一种是以营利为目的、以信贷资金投放为主要业务的商业性银行（金融机构），其主流业务就是为企业提供商业贷款，如中国银行、中国农业银行、中国工商银行、中国建设银行、交通银行等；另一种是不以营利为目的的政策性银行，其主体业务就是为部分企业提供政策性贷款，如国家开发银行、中国进出口银行和农业发展银行。

（2）其他金融机构资金。在当前社会的经济格局中，一些主流的保险公司、证券公司、金融租赁公司及信托投资公司既能够作为经济个体向部分企业提供相当额度的资金支持，也可以充当金融服务机构的角色提供信贷资金投放、物质流转流通等金融服务。

（3）其他企业资金。根据市场经济的特定规律，大部分企业在生产经营管理过程中都会积累一些短期、暂时闲置的资金，这些资金完全可以用来进行投资，进而为其他企业提供资金支持和来源。此外，企业与企业之间可以充分利用商业信用方式开展购销工作，进而在企业间形成特定的债权债务关系，这时，债务方就可以形成对债权方短期资金的占用优势。正是这种相互投资和贸易往来，增强了企业资金的活力和流动性。

（4）居民个人资金。从民间群众角度来看，部分企业职工和地方居民个人都有一定的结余资金或存款。这些“个人资金”与银行资金、金融机构资金并无瓜葛，逐渐构建了民间资金的流通渠道，也可以为现代企业提供资金来源。

（5）国家资金。国家资金的投入往往有两种：一种是直接性投资，即以国家财政名义，直接向国企特别是国有独资企业进行拨款，这也是很多企业的资金获取主渠道；另一种是政策性注资，即通过国家层面政策性减免税款等手段，帮助企业反向获取资金，这也是国家投入资金的一种重要表征方式。

（6）企业内部资金。这类资金的主要特点就是无须筹集、内部形成、自动生成，其主要包括企业的未分配利润和盈余公积等，也称为企业自留资金，可以直接由企业内部自动生成或转移。

（二）筹资管理的有效对策

1. 优化资本结构

现代企业为了尽可能降低财务风险，就需要合理发挥财务经济杠杆的作用，通过优化资本结构来推动其股权和债券始终保持良性资本的结构关系，进而防止债务过高。特别是在资金筹集活动中，秉持优化资本结构的理念，会注重提高债务资本占比、降低股权资本占比。在遴选资金筹集方式手段时，也会对各种手段的难易繁杂程度、成本风险因素、资金使用期限等进行综合考量，从而达成更合理的资本结构。

现代企业在经营发展中，应该始终强化内控机制，细化落实资本管理，扭住生产经营和资本累积两个抓手，最大效益化地规划资金、使用资金、管理资金，进而提高企业内循环中的资金筹集潜力。同时，现代企业要通过强化信用管理控制、强化信用督导评价、强化信息透明可视程度等手段，进一步增强自我财务实力和融资能力，以利于获得更多的对外融资。

2. 完善筹资管理制度

现代企业在资金筹集中遇到的常规性问题，大部分都源于制度不健全、理论不先进、风险意识不强。因此，企业经营主体和财务管理主体，要高度重视并着力强化筹资工作的管理意识和风险意识，积极顺应市场潮流探索建立现代企业管理制度，通过完善筹资管理制度提高管理水平。

(1) 要适时引进先进企业、头部企业的经营管理模式，大力推动制度变革和创新，通过强化内控机制运行提高企业软实力，大力加强自身能力建设，实现内循环下的资金积累。

(2) 要抓住财务管理制度长效形成具有企业特色的财务发展战略，着力健全资金管理体系，及时更新准确的财务数据，进一步提高财务数据的可信度和透明度。

(3) 要在企业内部结合实际建立恰当的信用管理体系，保证信用高水平、信任高水平、信息高水平。此举可有效拓宽企业资金筹集通道，使企业的运营管理更加现代化、稳定化。

3. 科学预计资金需要量

现代企业只有在清楚掌握底数的情况下才能有序做好资金的筹集管理工作。这个底数就是企业资金的需求量。对需求量进行合理预估时，企业要注重从三个维度进行计算，即企业的战略发展目标、财务管理规划和经营发展规模，进而根据预估的需求量研究资金筹集方案，算成本、算进度、算流程、算效益，学政策、订计划、谋策略、划阶段，进而稳妥、便捷、高效地开展资金筹集活动。

二、投资管理

(一) 投资管理的重要性

在我国融入新发展格局、推进高质量发展中，现代企业已然是经济社会发展的一项重要组成部分。企业发展好，经济全盘好；企业发展稳，经济全盘稳；企业发展健康，社会才能健康发展。作为经济社会发展的主要支柱，企业对于促进税收、推进经济高质量发展有着重要的社会效益和价值作用。企业在发展中进行投资管理，既可以助推企业的经营发展，又可以创造产生一批就业岗位，帮助解决就业、民生等社会性问题。当前，占我国市场经营主体的企业大多数驻地在乡镇农村区域，这一现状大幅解决了村镇居民的就业困难，帮助地方政府缓解了很大的就业压力。因此，要合理科学地规划投资管理目标，一方面可以助推地方经济发展，另一方面可以有效缓解就业压力，帮助当地居民增加收入来源。企业要想做大做强、持续发展，就要勇于处理复杂的市场经济条件，善于利用优渥的营商服务环境，紧密结合实际，科学合理地开展投资，进而实现资源再调整、资本再优化，利润最大化、效益最大化。只有这样，才能通过不断规范企业管理、优化企业投资，来推动现代企业持续稳定发展。同时要注意到，在企业投资管理活动中，既要坚持以效益为导向，又要坚持以规范为底线，努力结合实际去适应调整自身的投资管理制度和办法。

（二）投资管理的有效对策

1. 加强企业投资风险管理

企业投资是一项宏大的课题，具有丰富的知识结构和逻辑表达，要想科学规范地加强现代企业的投资风控，最首要的就是关注学习政府制定下发的产业经营政策规范，通过研究法规制度、把准发展趋势、探索投资实践，既能防止出现盲目投资，又能在宏观层面实现恰当指引，帮助企业理性客观开展投资。要用好企业自身人才队伍，发挥数据分析、数据治理、数据融合的体系优势，坚持以市场经营为根本、以经济效益为导向，紧紧跟上时代发展脉络，加强行业间和行业内部的调查分析研究，进一步把准方向、控制成本、规避风险、取得效益，及时准确真实地掌握市场发展新动态，因时因势调整优化投资方案，避免盲目投资、防止被市场淘汰。

2. 加大企业投资管理的监督力度

企业想要顺利地开展投资活动，并持续强化方向性、目的性和有效性，既要注意建立健全并不断完善内部管理制度，又要在企业内部强化对投资管理活动的监督检查和智能管控。同时，要注意监督监管的过程性、连续性和动态性，从根本和源头上遏制投资风险发生。内部监管部门要与外部相关力量做到力量协同、覆盖互补，既要独立，又要公平，进而帮助企业减少盲目投资，降低可管控风险；监管人员也要加强教育培训，掌握必要的业务知识，保证监管效果，提高监管水平。

3. 积极引进和培养专业的投资管理人才

企业投资管理的专业性和特殊性较强，企业要注重在这方面引进相关专业人才，这既是注入新鲜血液激发发展活力的有力保证，又可以强化梯队建设实现效益最大化。要使用好、激发好这些专业人才所具有的综合素质能力、前瞻理论思维、处理问题思想和解决问题能力；同时，要加强对这些人才的培养和鼓励，探索建立科学的管理制度、清晰的晋升发展道路，尽全力体现“四个尊重”，因人而异加强跟进发展。此外，要注重培训、考核两个抓手，助推这些人才激发自身潜力、提升综合能力、创造更大价值。

第二节　营运资金与负债管理

一、营运资金管理

（一）营运资金管理概述

1. 营运资金管理的含义与构成

营运资金又称营运资本，是指企业生产经营活动中占用在流动资产上的资金。营运资金有广义和狭义之分。广义的营运资金又称毛营运资金，是指企业生产经营中占用在流动资产上的资金；狭义的营运资金又称净营运资金，是指企业某个时点上流动资产与流动负债的差额。通常所说的营运资金都是指狭义的营运资金，它是判断和分析企业流动资金运作状况和财务风险程度的重要依据。

流动资产是指可以在一年内或超过一年的一个营业周期内变现或动用的资产。流动资产具有占用时间短、周转快、易变现等特点。企业拥有较多的流动资产，可在一定程度上降低财务风险。流动资产在资产负债表上主要包括的项目有货币资金、短期投资、应收票据、应收账款、预付费用和存货。

流动负债是指需要在一年内或超过一年的一个营业周期内偿还的债务，具有成本低、偿还期短的特点，必须认真进行管理，否则，将使企业承受较大的风险。流动负债包括短期借款、应付票据、应付账款、预收账款、应付工资、应付福利费、应付股利、应交税金、其他暂收应付款项、预提费用和一年内到期的长期借款等。

2. 营运资金的主要特点

为了有效地管理企业的营运资金，必须研究营运资金的特点，以便有针对性地进行管理。营运资金具有以下特点。

（1）周期的短期性。由于流动资产和流动负债在一年或超过一年的一个营业周期内完成一次循环，相对于长期资产或长期负债而言，营运资金的周期具有短期性。根据这一特点，营运资金需求可通过商业信用、发行短期债券、短期银行借款解决。

（2）数量的波动性。流动资产或流动负债容易受内外条件的影响，数量的波动往往很大。随着企业内外条件的变化而变化，流动资产如存货、银行存款等会时多时少，波动很大。季节性企业如此，非季节性企业也是如此。随着流动资产数量的变动，流动负债的数量也会相应发生变动。因而在企业营运资金管理中，要特别注意企业资金来源的稳定性和资金使用的灵活性，确保资金的供需平衡。

（3）来源的多样性。营运资金的需求既可通过长期筹资方式解决，也可通过短期筹资方式解决。企业筹集营运资金的方式也较为灵活多样，通常有银行短期借款、短期融资券、商业信用、应交税金、应交利润、应付工资、应付费用、预收货款、票据贴现等多种内外部融资方式。

（4）实物形态的变动性和易变现性。企业流动资产的占用形态是经常变化的，一般按照现金、材料、在产品、产成品、应收账款、现金的顺序转化。为此，在进行流动资产管理时，必须在各项流动资产上合理配置资金数额，做到结构合理，以促进资金周转顺利进行。

此外，非现金形态的营运资金如存货、应收账款、短期有价证券等流动资产一般具有较强的变现能力，如果遇到意外情况，企业出现资金周转不灵、现金短缺时，便可迅速变卖这些资产，以获取现金，这一点对企业应付临时性的资金需求有重要意义。

3. 营运资金的管理原则

营运资金管理是对企业流动资产及流动负债的管理。一个企业要维持正常的运转就必须要拥有适量的营运资金，因此，营运资金管理是企业财务管理的重要组成部分。要搞好营运资金管理，必须解决好流动资产和流动负债两个问题，换句话说，就是下面两个问题：一是企业应该持有多少流动资产，即营运资金持有的管理。主要包括现金管理、应收账款管理和存货管理。二是企业应该怎样进行流动资产的融资，即营运资金筹措的管理。包括银行短期借款的管理和商业信用的管理。

可见，营运资金管理的核心内容就是对资金运用和资金筹措的管理。加强营运资金管理就是加强对流动资产和流动负债的管理。企业进行营运资金管理，应遵循以下原则：

第一，保证合理的资金需求。企业应认真分析生产经营状况，合理确定营运资金的需要数量。企业营运资金的需求数量与企业生产经营活动有直接关系。一般情况下，当企业产销两旺时，流动资产会不断增加，流动负债也会相应增加；而当企业产销量不断减少时，流动资产和流动负债也会相应减少。营运资金的管理必须把满足正常合理的资金需求作为首要任务。

第二，提高资金使用效率。加速资金周转是提高资金使用效率的主要手段之一。提高营运资金使用效率的关键就是采取得力措施，缩短营业周期，加速变现过程，加快营运资金周转。因此，企业要千方百计地加速存货、应收账款等流动资产的周转，以便用有限的资金，服务于更大的产业规模，为企业取得更好的经济效益提供条件。

第三，节约资金使用成本。在营运资金管理中，必须正确处理保证生产经营需要和节约资金使用成本二者之间的关系。要在保证生产经营需要的前提下，遵守勤俭节约的原则，尽力降低资金使用成本。一方面，要挖掘资金潜力，盘活全部资金，精打细算地使用资金；另一方面，积极拓展融资渠道，合理配置资源，筹措低成本资金，服务于生产经营。

第四，保持足够的短期偿债能力。偿债能力的高低是企业财务风险高低的标志之一。合理安排流动资产与流动负债的比例关系，保持流动资产结构与流动负债结构的适配性，保证企业有足够的短期偿债能力是营运资金管理的重要原则之一。流动资产和流动负债二者之间的关系能较好地反映企业的短期偿债能力。流动负债是在短期内需要偿还的债务，而流动资产则是在短期内可以转化为现金的资产。因此，如果一个企业的流动资产比较多，流动负债比较少，说明企业的短期偿债能力较强；反之，则说明短期偿债能力较弱。但如果企业的流动资产太多，流动负债太少，也不是正常现象，这可能是因流动资产闲置或流动负债利用不足所致。

总之，营运资金管理是一项十分重要的基础性财务管理工作。很多企业倒闭都是因为企业营运资金出现问题，如现金短缺、坏账激增、存货积压等。然而，持有营运资金的成本往往是非常昂贵的。企业如果持有过多的存货，不但不能给企业赚一分钱，甚至还要为储存和保养花费大量资金。

营运资金管理主要分为现金管理、应收账款管理和存货管理等。接下来将关注营运资金各部分的管理。

(二) 企业现金管理

1. 持有现金的目的

在企业的所有资金或者资产中，最活跃、最具流通性和交易性的非现金莫属。财务系统中的现金主要包括库存现金、金融存款、银行本票、银行汇票等。而现金的另一种替代品就是有价证券，也可以说有价证券是现金的另一种表现形式或转换形式。当企业在某一阶段现金短缺时，有价证券可以及时通过相关渠道转化为现金以满足企业的应急要求，当企业在某一阶段现金充裕时，可以将现金转换为有价证券。在日常的工作和生活中，大量交易行为都是需要依靠现金的支付来实现的。公司在经营过程中，经常会出现现金流入量和现金流出量不能同步同量的情况。流入量大于流出量时，会形成现金置存；流入量小于流出量时，则需补充不足现金。预防性需要是指意外支付的准备需要。公司在经营过程中有时会发生预料之外的开支，所以现金的流动在流量上是具有一定的不确定性的。现金的流动性与企业初期预防性准备金投入多少有直接的关系，当现金流动性的不确定性越大，那么预期的预防性准备金投入越多。而预防性准备金的多少与企业的借贷能力有极大的关系，当企业的短期筹措能力强时，也可以相应地减少预防性准备金投入。市场上各种商品及证券的价格随时会发生变动，使人们产生了“为买而卖”的投机心理。当公司确信得到了有利的购买时机而需要动用现金时，拥有一定数额的现金储备可以为捕捉有利的投机机会提供方便。

公司持有现金，主要是为了保证企业日常的交易、预防和投机需要，它对于企业现金机会成本的提升也非常有利。在目前的经济市场中，投资收益低的项目或者企业一般都是流动性较大的资产，所以企业就必须按需留置或者存置现金。一方面，现金的多少和处置方式对于企业的投资收益具有重要的影响，不管是现金的富裕或者现金的亏缺，最终带来的都是负面效果。另一方面，在现金的管理和使用上，流动性和营利性也是影响企业经济的重要因素。所以，平衡现金的数量与明确现金的使用是公司资金方案决策的重要依据。

2. 现金最优持有量的确定

一个公司现金的留存数量是与该公司的业务类型和经营方式及管理模式有关的。主要通过以下四种模式来确定目标现金持有量。

（1）现金周转模式。现金的持有量计算，首先要明确具体的周转模式，而且要从企业运营的角度出发，通过对现金周转周期与现金周转次数的计算来权衡判断最终的持有量。具体的计算过程大致可以分为三步。第一步，通过公司从对原材料、设备或其他服务的采购到生产直至投产资金回收的时间计算其现金周转期。第二步，依据上步所算现金周转期换算出年度或一个运营期的现金运转次数。按照计算法则，现金周转期数与周转次数是互为倒数的。第三步，依据周转周期与周转次数推算现金最优持有量。

（2）成本分析模式。对于成本的分析与计算，主要是通过对比不同现金的持有量方案来寻求最优方案，现金占用或者使用成本最低的方案就是最优方案。而现金的成本表现主要有以下三种。

一是占用成本。公司对现金的使用，其实就是对资金的占用，而资金的占用是有代价的，往往与资金占用的多少、占用时间的长短、当期银行利率有直接的正向关系。

二是管理的成本。在公司占用现金后，势必发生资金的使用和管理，如企业员工的日常工资支出、安全管理措施、风险规避措施等。而管理的成本是一种固定成本，与现金的占有量不存在线性关系。

三是短缺的成本。短缺的成本与公司或者企业的正常运营有着直接的关系，尤其是现金的短缺与企业的进一步发展，有着根本的关系。在现金持有量不足的时候，企业就会存在不能及时采购原材料、不能弥补流动资金的不足，或者出现因现金的不足导致后期采用更大的投入来弥补企业生产和运行需求情况。

（3）存货模式。对于存货这种模式的分析可以类比经济的批量模式。如果采取存货模式来确定现金的最优持有量，会存在四种基本假设：第一种假设，企业自身现金的流入是相对稳定，而且是可以测算的；第二种假设，企业的资金流出同样是稳定和可以预测的；第三种假设，在一定期限内，现金的需求是一定的；第四种假设，在一定期限内，企业不能出现现金的短缺。

对于一个企业或者一个公司的现金最优持有量的计算，用存货模式来解决是相对便捷的。通过在一定时期内有价证券的变现次数可知，当公司现金数量不足的时候，可以用有价证券变现来解决。但是不管是现金还是可变现的有价证券的占有和使用都是有代价和成本的。如果要降低占有资金的成本就要相应地减少现金的持有量，同时增加有价证券变现的次数。随着变现次数的增加，交易的成本必然同步提升。现金持有成本的计算和确认其本质就是要理性确认占用成本和交易成本之间的博弈关系，因此按照等价关系计算，占用成本与交易成本叠加的最终结果就是现金的综合使用成本，两者之和的最低点就是公司现金的最优持有量。

（4）随机模式。随机模式是伴随着某种现象的随机出现次数或者频率而出现的。它是一种在数学体系中概率与统计的运算结果，是通过计算某种现象的平均水平的推算。如果公司财务现金的支出不仅是随机的而且事先无法预测的，那么可以依据公司第一时段内现金随机支出中的最高支出额和最低支出额，制定一个现金控制区域，再确定其平均水平。在控制区域内，当现金金额达到上限时，将现金转换成有价证券或通过资本市场短期拆借给需用单位、短期投资于其他项目；当现金余额降到下限时，则转让有价证券或贷款拆借。现金持有量上下限额（控制区域）的确定则取决于货币资金持有量的机会成本和筹集货币资金的相关成本。随机模式主要是在未来现金流量不可预测的假设下确定最佳现金持有量，因此，其准确性是相对的，通过这一模式计算出来的现金持有量相对保守。

（三）应收账款的日常管理

在制定了一定时期的信用政策之后，必须加强应收账款的日常管理，采取有力的措施进行分析、控制，以便及时发现问题，提前采取对策，保证既定信用政策预期效益的实现。

企业对应收账款的日常管理，主要应解决以下问题：①收集客户的有关信用资料，对客户进行信用调查与信用评估；②根据有关资料，对客户的信用状况进行评估；③在信用评估之后，保持对应收账款从总体到具体客户的监控，根据企业的总体赊销规模，并结合该客户的具体情况，确定给予该客户的信用限额或信用额度，用于指导与该客户之间的信用往来；④对于逾期欠款，通过一系列的收账实务，全力催款。

应收账款的日常管理通常包括以下四个方面。

1. 客户信用管理

（1）调查客户信用。信用调查是指收集和整理反映客户信用状况有关资料的工作。只有正确地评价顾客的信用状况，才能合理地执行企业的信用政策。要合理地评价顾客的信用，必须对顾客信用进行调查，收集有关的信息资料。企业对顾客进行信用调查主要通过两种方法：①直接调查。直接调查是指调查人员通过与被调查单位进行直接接触，通过当面采访、询问、观看等方式获取信用资料的一种方法。直接调查可以保证收集资料的准确性和及时性，但也有一定的局限，往往获得的是感性资料，同时若不能得到被调查单位的配合，则会使调查工作难以开展。②间接调查。间接调查是以被调查单位以及其他单位保存的有关原始记录和核算资料为基础，通过加工整理获得被调查单位信用资料的一种方法。

（2）评估客户信用。收集好信用资料后，要对这些资料进行分析，并对顾客信用状况进行评估。信用评估的方法很多，常见的方法有5C评估法和信用评分法。我国目前的企业信用评估处于起步阶段，还没有形成符合中国国情的、完善的评估指标体系，应该在研究和借鉴国外的评估指标体系的基础上，结合我国实际情况，建立适合我国企业的信用评估指标体系。

（3）划分客户信用等级。对客户信用评估之后，则可以对客户信用进行等级划分。在信用等级方面，目前主要有两种：一种是三类九等，即将企业的信用状况分为AAA、AA、A，BBB、BB、B，CCC、CC、C，其中AAA为信用最优等级，C为信用最低等级。另一种是三级制，即分为AAA、AA、A三个信用等级。

（4）确定客户信用额度。信用额度又称信用限额，包括总体上的信用额度和针对具体客户的信用额度两种。总体信用额度是指企业针对自身情况及外部环境而制定的赊销总规模，用于指导和控制日常的赊销决策。具体信用额度，是指企业规定的客户在一定时期可以赊购商品的最大限额。信用额度的规定虽不能提高客户付款的概率，但可以限制因客户不付款而引起的坏账损失。因此，企业至少应该对交易频繁且交易重大的主要客户确定其可享受的信用额度，以控制其赊购规模，避免因客户过度赊购而导致坏账损失。另外，确定信用额度后，企业就有了处理与客户信用往来的依据。在额度范围内的赊购，可由具体经办人员按规定正常办理；超出规定的信用额度时，则应由有关负责人批准后方能办理。信用额度还可以根据市场环境、客户信用等级等情况的变化进行适当的调整和修改。

具体信用额度的制定方法主要有：①以全年从该客户处可能获得的收益额作为该客户每次赊购的额度。②根据客户营运资本净额的一定比例确定。③根据客户清算价值的一定比例确定。④根据经验估计，将总体信用额度在各客户之间进行具体分配。

2. 应收账款的监控

在应收账款的监控过程中，可供采用的主要方法有以下几种。

(1) 应收账款的追踪分析。应收账款一旦发生，企业就必须考虑能否如期、足额地回收。为了达到这个目的，企业有必要对应收账款的运行过程进行追踪分析，重点分析客户的信用品质、现金持有量以及现金的可调剂程度等基本内容，尤其要对那些金额较大或信用品质较差的客户进行分析。

通过追踪调查，不但要使公司及时有效地控制不同顾客的收款情况，更要了解其延迟付款的原因：到底是顾客的信用有问题，还是其确实现金状况不佳；到底是客户的收账能力较差，还是顾客的销售不佳引起库存积压；这种情况到底是短期现象，还是长期状况等。如果发现客户信誉不佳或现金不足等，应立即采取相应的措施，以保证货款及时回收。应收账款的追踪调查分析，不但能为公司当前调整合理的收账方式提供依据，更能为公司未来制定合理有效的信用政策打下基础。

(2) 应收账款的账龄分析。账龄分析就是将赊销用户的应收账款的实际归还期编制成表，以显示应收账款存账时间（账龄）的长短，并按时间长短进行排序。公司已经发生的应收账款时间长短不一，有的尚未超过信用期，有的则已经逾期拖欠。一般来讲，逾期拖欠时间越长，催收的难度越大，成为坏账的可能性就越高。因此进行账龄分析，是提高应收账款收现效率的重要环节。

通过账龄分析可以发现：①企业有多少应收账款尚在信用期内。②企业有多少应收账款超过了信用期。③不同账龄的过期账款各占多少比例。④有多少应收账款可能会因拖欠时间太长而发生坏账损失。

通过应收账款账龄分析，可以对应收账款进行及时有效的控制，进而为适时地调整和修改公司信用政策提供帮助。

3. 应收账款收现保证率分析

由于企业当期现金支付需要量与当期应收账款收现额之间存在着非对称性矛盾，并呈现出预付性和滞后性的差异特征，这就决定了企业必须对应收账款的收现水平制定一个必要的控制标准，即应收账款收现保证率。

应收账款收现保证率是为了适应企业现金收支匹配关系的需要，确定出的有效收现的账款应占全部应收账款的百分比，是两者应当保持的最低比例。

应收账款收现保证率指标反映了企业既定会计期间预期现金支付数额扣除各种稳定、可靠来源后的差额，必须通过应收账款有效收现予以弥补的最低保证程度，其意义在于：应收账款未来是否可能发生坏账损失对企业并非最为重要，而最关键的是实际收现的账款能否满足同期必需的现金支付要求，特别是满足具有刚性约束的纳税债务及不得展期或调换的到期债务的需要。

4. 应收账款保理

保理又称保付代理，根据《国际保付代理公约》对保理的定义，保理是指卖方或者供应商或出口商与保理代理商之间的一种契约。根据该契约，卖方（供应商、出口商）将其现在的或将来的基于其与买方（债务人）订立的货物销售、服务合同所产生的应收账款转让给保理商，由保理商为其提供下列服务中的至少两项：贸易融资、销售分账户管理；应收账款催收、信用风险控制与坏账担保。在出口人与保理商签订保理协议后，保理商会对进口人核定一个信用额度，在协议执行过程中，保理商会随时根据进口人资信状况的变化调整信用制度；保理商对出口人在核准额度内的应收账款，提供100%

的坏账担保。

(四) 存货管理

存货是指企业在生产经营过程中为耗用或销售而储备的原材料、燃料、低值易耗品、在产品、产成品、商品等。存货在企业的流动资产中占据很大比重，一般可达到40%～60%。同时，存货又是流动资产中变现能力较差的那部分资产。

1. 存货管理的目标表现

存货的管理状况直接影响着企业的生产经营能否顺利进行，以及企业的收益、风险等。加强存货管理，使其保持在最优水平，是财务管理的一项重要任务，其目标就是在各种成本和利益之间做出权衡，进而达到两者的最佳结合。具体表现在以下四点。

第一，保证生产和销售的正常进行。企业在生产经营过程中需要不断消耗原材料、产成品等存货。尽管有些企业提出了“零存货”的管理目标，并运用计算机自动化控制加强管理，但是企业的供、产、销在数量上和时间上往往难以保持绝对的平衡，而且企业也很难做到随时补充生产或销售所需要的各种物资。实现存货为零的目标基本不可能。为了保证生产经营活动的正常进行，企业必须保留适当的存货，建立与生产经营过程和规模相适应的存货体系，甚至还需留有一定的存货储备。

第二，抓住市场机会，促进销售。一定数量的存货储备能够增加企业在生产和销售方面的机动性和适应市场变化的能力。当企业市场需求量增加时，充足的产品储备就会有高额的销售收入；反之，则有可能失去销售良机。

第三，获取规模经济效益。一般来说，单件产品的价格要比成批的价格高得多。如批量采购原材料，可以获得价格上的优惠，也可以减少管理及采购费用；批量组织生产，可以使生产均衡，降低生产成本；批量组织销售，可以及时满足客户对产品的需求，还有可能享受价格折扣，降低购置成本，有利于销售的迅速提高；为了降低运输成本，运输时也会按照确定的最优批量而组织成批发运。所以保持一定量的存货可以获得规模经济效益。

第四，建立保险储备，降低意外事件的影响。企业在采购、运输、生产和销售的每个环节中，都可能发生意外事故，而保持必要的存货保险储备，可避免或减少损失。为了降低经营成本，实现均衡生产，就要储备一定的存货。

2. 存货决策

存货决策涉及决定进货项目、选择供应单位、决定进货时间和决定进货批量四项内容。其中，决定进货项目和选择供应单位是销售部门、采购部门和生产部门的职责。财务部门要做的是决定进货时间和决定进货批量。按照存货管理的目的，需要通过合理的经济进货批量和进货时间，使存货的相关总成本最低。这个批量就是经济订货量或经济批量，主要采取经济订货模式加以计算。

存货规划所要解决的主要问题是，企业怎样采购存货。这包括两个方面的内容，一是应当订购多少存货，二是应当在何时开始订货。进行有效的存货规划对于维持正常生产经营、合理控制资金占用水平、降低营运成本具有重要意义。

从前述存货成本的构成可以发现，存货的进货成本、储存成本和缺货成本有些是固定性的，有些是变动性的，其中固定性成本不受单批采购数量多少影响，只有变动性成本才是与经济订货量决策有关的成本。主要包括：变动性订货成本、变动性储存成本以及允许缺货时的缺货成本。变动性储存成本和订货成本与订货量之间具有相反的关系。订购批量越大，企业储存的存货就越多，这会使存货储存成本上升；与此同时，由于订货次数减少，总订货成本将会降低。反之，降低订购批量能够降低储存成本，但由于订货次数增加，订货成本将会上升。

3. 存货的日常管理

存货日常管理的目标是在保证企业生产经营正常进行的前提下尽量缩短存货储存时间，加速存货周转，节约资金占用。其主要管理方法有：ABC分类管理法、存货储存期控制等。

（1）ABC 分类管理法。由于大多数企业的存货种类、品种繁多，其价值也相差甚远，若对每种存货进行“均等”管理，其结果必然是事倍功半，因此，企业应在管理中对每种存货进行周密规划与严格控制，抓住重点，实行有区别的分类管理。ABC（Activity Based Classification）分类管理法正是针对这一问题提出来的重点管理方法。

存货 ABC 分类管理是意大利经济学家维尔弗雷多·帕雷托于 19 世纪首创的。1951 年，管理学家戴克（H.F. Dickie）将其应用于库存管理，命名为 ABC 法。经过不断发展和完善，ABC 法已经广泛用于存货管理、成本管理和质量管理。

ABC 分类管理法，也叫主次因素分析法，就是根据存货在技术或经济方面的主要特征，进行分类排队，分清重点和一般，将其划分为 A、B、C 三类，从而有区别地确定管理方式的一种分析方法。

运用 ABC 分类管理法一般有如下五个步骤：①计算每种存货在一定时间内（一般为一年）的资金占用额；②按照存货的资金占用额由大到小排序并列成表格；③计算每种存货资金占用额占全部资金占用额的百分比；④计算累计比率；⑤根据事先测定好的标准，把存货划为 A 类、B 类与 C 类。

进行存货分类的标准主要有两个：金额标准和品种数量标准。其中金额标准是基本的，品种数量标准仅供参考。一般来说，应将少数价值大、经常使用、订货时提前时间长的存货划为 A 类存货，这类存货的品种数大约占全部存货品种的 10%，其存货资金约占全部资金占用额的 75% 左右；将品种数量多、价值小的存货划为 C 类存货，这类存货的品种约占全部存货品种的 65% 左右，其存货资金约占全部资金占用额的 5% 左右；将处于 A 类与 C 类存货之间的划为 B 类存货，其品种与资金占用额大约为 20%。

对于 A 类存货，应保持严密控制，经常检查库存，详细、科学、准确地确定该类存货的经济批量及有关定额，严格按照事先所确定的订货数量与时间进行订货，并根据 A 类存货的实际情况，调整其进货的经济订货量；对于 C 类存货，可对其总额进行控制，采用简化的控制方式进行管理，如集中采购、适当加大安全存量等，以节约订货费用，同时避免缺货损失；对 B 类存货，可采取按总额灵活掌握的存货管理方法，根据其在生产中的重要程度和采购的难易程度分别采用 A 类、C 类或介于 A 类和 C 类之间的存货控制方法。

（2）存货储存期控制。储存存货会占用资金和增加仓储管理费，尤其是市场瞬息万变，储存期过长有可能导致企业的产品或商品滞销而带来巨大损失。尽力缩短存货储存期，尤其是缩短待售产品或商品的储存期，加速存货周转，是提高企业经济效益，降低企业经营风险的重要手段。

企业持有存货而发生的费用，按照其与储存时间的关系可以分为固定储存费用与变动储存费用两类。前者与存货储存期的长短无直接关系，后者与存货储存期的长短有密切关系，如存货资金占用费、存货储存管理费等，它们与利润存在以下关系：

利润＝毛利－固定存储费－销售税金及附加－每日变动存储费×储存天数

利润与费用之间此增彼减的关系，实际是利润与储存期变动费用之间此增彼减的关系。随着储存期变动费用的增加，当产品销售毛利扣除固定储存费用和销售税金及附加之后的余额被储存期变动费用抵消到恰好等于企业目标利润时，表明存货已到了保利期；当毛利完全被储存期变动费用抵消时，便意味着存货已到保本期。如果存货能够在保利期内售出，所获得的利润便会超出目标值，反之将难以实现既定的利润目标。

二、企业负债管理

（一）负债的内涵

负债，是指企业承担的能够以货币计量、需要以资产或者劳务偿付的债务。如企业借入的资金以及应付未付款项等。

形成负债的主要经济业务有如下三种：一是企业经营活动产生的负债，二是直接向社会发行债券形成的负债，三是向银行借款产生的负债。

负债除到期要偿还本金以外，还要支付资金使用成本——利息。由于不同的负债用途不同，导致利息的会计处理也不一样。一般经营活动形成的流动负债支付的利息直接计入财务费用。而非流动负债专门用于长期资产建设或建设期在一年以上的存货（如房地产开发商兴建的商品房）的利息支出，则分别计入长期资产成本和存货成本。

从负债对现金流量的影响来看，负债的增加表现为筹资活动现金流量的流入，而负债的减少则表现为筹资活动现金流量的流出。然而，负债的增加和减少有时并不会带来现金流量的变动，如购买存货和长期资产不会带来现金流量的增加；而负债的减少，除以现金形式偿还外，还能以提供劳务、非现金资产的形式抵债。另外，企业还可用新的债务代替旧的债务或将债务转换为股本，这几种债务减少都不会影响筹资活动现金流量的变动。但要注意的是，企业经营活动中产生的负债，属于经营活动而不属于筹资活动。

（二）负债的分类

1. 流动负债

流动负债是指将在 1 年或者长于 1 年的一个营业周期内偿付的债务，包括短期借款、应付票据、应付账款、预收账款、应付职工薪酬、应交税费、其他应付款等。

短期借款是指企业借入的还款期限在 1 年或超过 1 年的一个营业周期内的各种借款。如工业生产周转借款、临时借款等。

应付票据是指企业在生产经营过程中对外发生债务时所承兑的汇票，包括银行承兑汇票和商业承兑汇票。

应付账款是指企业生产经营过程中因购买材料、商品和接受劳务供应等发生的一项流动负债。

预收账款是指企业按照合同规定向购货单位预收的购货款和定金。

应付职工薪酬是指企业应付职工的工资总额以及包括在工资总额内的各种工资性奖金和津贴等。

应交税费是指企业应缴纳的各种税金，包括增值税、营业税、消费税和所得税等。

2. 非流动负债

非流动负债是指偿还期在 1 年或者超过 1 年的一个营业周期的各种债务，包括长期借款、应付债券、长期应付款等。非流动负债是企业向债权人筹集的可供长期使用的一种资本来源。同流动负债相比，非流动负债的特点是数额较大、偿还期限较长。

长期借款是指企业向银行等金融机构或其他单位借入的，归还期限在 1 年以上的各种借款。长期借款一般用于固定资产购建、固定资产改扩建工程及固定资产大修理工程以及流动资产的正常需要等方面。

应付债券是指企业为筹集长期使用的资金对外发行的一种还款期在 1 年以上的书面凭证。

长期应付款是指企业除长期借款、应付债券以外的其他一切长期负债。

如用补偿贸易引进的国外设备、应付的引进设备款和融资租入固定资产的应付租赁款等。

此外，负债还可按其偿还形式分为货币性负债和非货币性负债。货币性负债是指企业在将来直接用货币偿付的负债，如应付账款、应付票据、应付公司债券等。非货币性负债是指企业在将来须以实物及其他非货币性资产偿付的负债，如预收货款、售出产品质量担保等。这一分类方法在通货膨胀和外币报表折算的情况下特别适用。

（三）流动负债管理

1. 流动负债的特征

流动负债是指将在 1 年或者长于 1 年的一个营业周期内偿付的债务。流动负债除具有负债的一般特征外，还具有以下特点。

第一，偿还期限较短。流动负债是一种短期债务，需要在较短的时间内偿付完毕，通常在债权人提出要求时即期偿付，也可能在 1 年或超过 1 年的一个营业周期内履行偿还义务。

第二，需以流动资产或举借新的流动负债偿还债务。流动负债的偿还手段通常是企业所拥有的流动资产或提供的某种劳务，如以银行存款支付应付账款，以生产的产品抵偿预收账款或提供修理服务抵付预计的产品质量保证债务等；也可以通过举借新的流动负债替换原有流动负债，如以应付账款替换到期未兑付的应付票据等。

企业承担的负债只要同时具有上述特点，在会计上即应作为流动负债，否则，应作为非流动负债。如以企业发行长期债券的方式清偿 1 年内到期的长期债务，虽然从时间上看应划为流动负债，但它的偿付方式不符合流动负债的特点，不能将其作为流动负债反映，仍应作为非流动负债列示。

2. 流动负债的确认和计量

为了保证会计信息的质量，需要对负债进行正确的确认和计价，以客观、公正地反映企业所承担的债务，从而为会计报表使用者预测企业未来现金流量和财务风险等提供有用的会计信息。

（1）流动负债的确认。一般来说，流动负债主要包括短期银行借款和购买商品应付的账款、应付职工的工资等，以及非流动负债中将在一年内到期的部分。企业确认一项流动负债，并在资产负债表上反映其未来应付金额，通常就是在这些负债相关的业务或经营活动发生时，与相关项目一同确认。但对于有些流动负债来说，其未来发生与否具有不确定性，即将来有可能需要偿还，有可能不会发生（不需要偿还）。例如，商业汇票贴现业务，如果将来债务人按照约定的条件和日期正常偿付债务，则贴现人就不需要承担这笔债务；如果将来债务人没有按照约定的条件和日期正常偿付债务，则贴现人就需要承担这笔债务，即商业汇票贴现业务是属于流动负债性质的或有负债。

由于可能导致损失的或有事项可能发生，也可能不发生。因此，对或有流动负债一般不确认为一项负债。但对很有可能发生并且金额比较确定或能够合理估计的或有负债，应当预计并确认为一项负债（对满足一定条件的或有负债要作为预计负债处理）。例如，对于产品保修业务可能产生的损失，在金额确定或可估计的情况下，可将预计的损失确认为一项流动负债。

（2）流动负债的计量。由于负债是企业已经存在的、需要在未来偿付的经济义务，理论上讲，为了提高会计信息的有用性和相关性，对所有负债的计量都应当考虑货币的时间价值，即不论其偿付期长短，均应在其发生时按未来偿付金额的现值入账。但在会计实务中，考虑到流动负债偿还期短，到期值与其现值相差很小，故对已经确定的流动负债，一般均按确定的未来需要偿付的金额（或面值）来计量，并列示于资产负债表上。这种做法虽然高估了负债，但一是体现了谨慎原则；二是核算简单，符合成本与效益原则；三是符合重要性原则。

流动负债可用现金偿付，如以现金支付购货款；也可用非货币资产偿付，如预收账款在未来不是以支付现金而是以提供一定数量和质量的非货币资产或提供劳务清偿；或以再负债形式偿付，如借新债还旧债等。

（3）常见流动负债的核算。为了便于控制与核算，在实际工作中，大多将流动负债按照债权人的不同进行分类管理，即大致可以分为对贷款人、对供应商、对客户、对职工、对税务部门、对所有者的负债。这里简要分析一下对贷款人和对税务部门的负债。

①对贷款人的负债。企业流动负债中对贷款人的负债主要有短期借款和应付利息。

短期借款是指企业向银行或其他金融机构借入的期限在一年以下的各种借款。这部分借款一般是企业为维持正常生产经营所需资金而借入的或为抵偿某项债务而借入的款项。短期借款的债权人一般称该款项为“流动资金借款”。

企业借入的短期借款，无论用于哪个方面，只要借入这项资金，就构成一项负债。归还借款时，除了归还借入的本金，还应支付相应的利息。

为了核算短期借款业务，企业应当设置“短期借款”账户。该账户属于负债类账户，专门用来核算企业借入期限在一年或一个经营周期以下的各种借款。该账户贷方登记借入的各种短期借款额，借方登记归还的借款额，期末余额在贷方，表示尚未归还的短期借款。

应付利息是指企业按照合同约定应支付的利息，包括短期借款利息和分期付息到期还本的长期借款利息等。

短期借款利息属于企业的筹资成本，应该计入“财务费用”账户，最终转入当期损益。在实际工作中，如果短期借款的利息是按季、按半年支付，或者利息是在借款到期时连同本金一起归还且数额较大，为了正确计算各期的盈亏，通常采用预先提取的办法进行会计处理，即设置“应付利息”账户，通过这个账户记录企业已经发生但是尚未支付的利息费用。在预提各期的借款利息时，借记“财务费用”账户，贷记“应付利息”账户；实际支付时，按已经预提的利息金额借记“应付利息”账户，按实际支付的利息金额贷记“银行存款”账户，按实际支付的利息金额与预提数的差额（尚未提取的部分）借记“财务费用”账户。

②对税务部门的负债。企业应按照法律规定向国家缴纳各种税费。在企业发生纳税义务时，应该按照权责发生制要求，将有关税费计入费用。这些税费在尚未缴纳之前暂时留在企业，就等同于借用了政府一笔无息资金，从而形成企业对税收征管部门的负债。

企业应依法缴纳的各种税费主要包括增值税、消费税、营业税、资源税、土地增值税、城市维护建设税、教育费附加、房产税、土地使用税、所得税等。为了反映各种税费的计算和缴纳情况，企业应设置“应交税费”账户，并在该账户下设置有关明细账户进行核算。该账户的贷方登记应缴纳的各种税费，借方登记已缴纳或应抵扣的各种税费，期末贷方余额为欠缴税费。但应指出，并不是所有的税费都通过“应交税费”账户核算，例如印花税的确认和缴纳发生在同一时点，其缴纳的同时计入费用，核算中也就没必要再运用“应交税费”账户。

（四）非流动负债管理

非流动负债是指流动负债以外的负债。主要包括长期借款、应付债券、长期应付款、专项应付款等。与流动负债相比，非流动负债具有以下特点：一是债务偿还的期限较长，一般在一年或者超过一年的一个营业周期；二是债务的金额通常较大，企业的长期负债主要因企业长期性的投资活动而产生，例如，为扩大生产经营规模购置机器设备、购建厂房、购入土地使用权等，这些活动所需资金的数额都比较大；三是债务可以采用分期偿还（分期偿还本金或利息）或者到期时一次偿还本息。

按具体内容，非流动负债可分为长期借款、应付债券、长期应付款三类。

1. 长期借款

长期借款一般用于固定资产的购建、改扩建工程、大修理工程、对外投资以及为了保持长期经营能力等方面。长期借款的核算主要包括长期借款的取得、应计利息和归还本息等内容。“长期借款”科目按贷款单位设置明细账，按借款种类进行明细分类核算。

（1）取得长期借款。企业借入长期借款并将取得的款项存入银行时，应借记“银行存款”科目，贷记“长期借款”科目。如果已经将借款购置了固定资产或用于在建工程项目，则应借记“固定资产”“在建工程”科目，贷记“长期借款”科目。

（2）长期借款利息。企业借入长期借款，应按实际收到的余额记入“长期借款——本金”科目，如借款本金与实际收到的金额存在差异，应记入“长期借款——利息调整”科目。

长期借款利息费用应当在资产负债表日按照实际利率法计算确定，实际利率与合同利率差异较小的，也可以采用合同利率计算确定利息费用。

长期借款计算确定的利息费用，应当按以下原则计入有关成本、费用：属于筹建期间的，计入管理费用；属于生产经营期间的，计入财务费用；如果长期借款用于购建固定资产的，在固定资产尚未达到预定可使用状态前，所发生的应当资本化的利息支出数，计入在建工程成本；固定资产达到预定可使用状态后发生的利息支出，以及按规定不予资本化的利息支出，计入财务费用；长期借款按合同利率计算确定的应付未付利息，计入“应付利息”科目。归还长期借款的本金和利息时，应按归还的金额，借记“长期借款”等科目，贷记“银行存款”科目。

2. 应付债券

应付债券是企业为筹集长期资金，依照法定程序发行的，约定在一定时期内还本付息的一种债务凭证。

企业债券是具有法律效力的有价证券，这种债券的票面通常应载明发行企业的名称、地址、债券面值、债券利率、还本期限和方式及利息的支付方式等。

债券面值，即债券上标明的金额，是债券到期时应偿还的本金额。债券利率，又称名义利率，是指债券应付利息的年利率；还本期指从发行债券的法定日期到清偿本息日期的时间。

（1）债券发行价格的确定。企业债券的发行价格与债券面值不是同一概念，两者有时一致，有时不一致。在市场经济环境下，任何一个理性的债权人都要对市场上各种借出资金的风险与收益进行权衡后才会作出最终决策。债券的市场售价，在很大程度上由其票面利率来决定。在其他条件不变的情况下，票面利率越高，债券的市价也就越高。如果确定了一个较低的票面利率，债权人一般不愿意认购，发行人只能按低于面值的价格发行。如果确定了一个较高的票面利率，就会吸引更多的债权人购买，在供不应求的情况下，发行人可将债券按高出面值的价格出售。这里的“较低”或“较高”的票面利率是相对于金融市场上其他投资机会的平均收益率而言的。其他投资机会的平均收益率，即为市场利率，是债权人进行决策时使用的重要参照指标。由此可见，企业债券的价格与票面利率和市场利率有直接的关系。从理论上讲，债券的实际发行价格是根据货币时间价值的理论，将债券到期应付面值和各期应付的利息，按市场利率折算的复利现值之和。其一般计算公式为：

债券面值的现值=债券面值 × 到期偿还本金的复利现值系数

各期利息的现值=每期债券利息额 × 分期付息年金现值系数

每期债券利息额=票面价值 × 每一付息期的票面利率

债券的发行价格随市场利率的变动而呈反方向变动，即当市场利率低于债券票面利率时，债券发行价格高于其面值，发行价格高于债券面值的部分，称为债券溢价。如果市场利率高于债券票面利率时，债券发行价格低于其面值，发行价格低于债券面值的部分，称为债券折价。值得注意的是，债券一经发售，债券信托合同即告成立，其后无论市场利率如何波动，对发行的债券均不产生影响，也就不必调整会计记录。

（2）应付债券的核算。为了核算和监督公司债券的发行情况，企业应设置“应付债券”账户，该账户属于负债类账户，贷方登记发行债券的面值、债券溢价、应计利息和折价的摊销数；借方登记债券的折价、溢价的摊销数和按期偿还的本息数；期末余额在贷方，表示企业尚未偿还的本息数。该账户应设置“债券面值”“债券溢价”“债券折价”和“应计利息”等四个明细账户，进行明细分类核算。

企业在准备发行债券时，应将待发行债券的票面金额、债券票面利率、还本期限方式、发行总额、发行日期和编号、委托代售部门等内容在备查簿中进行登记。

无论是按面额发行，还是按溢价或折价发行，均按债券面值计入“应付债券”账户的“债券面值”明细账户，实际收到的价款与面值的差额，计入“债券溢价”或“债券折价”明细账户。债券的溢价或折价，在债券的存续期间内进行摊销，摊销方法一般可采用直线法。债券上的应计利息，应按照权责发生制的原则按期预提，一般可按年预提。

3. 长期应付款

长期应付款是指企业除长期借款和应付债券以外的其他各种长期应付款项，主要包括采用补偿贸易方式引进国外设备价款，应付融资租入固定资产租赁费等。

为了核算和监督企业长期应付款的情况，应设置“长期应付款”账户。该账户属负债类账户。贷方登记长期应付款的发生数；借方登记长期应付款的偿还数；期末余额在贷方，表示尚未偿还的款项。该账户应按长期应付款的种类设置明细账进行明细核算。

补偿贸易是从国外引进设备，再用该设备生产的产品归还设备价款。国家为了鼓励企业开展补偿贸易，规定开展补偿贸易的企业，补偿期内免缴引进设备所生产的产品的流转税。事实上，补偿贸易是以生产的产品归还设备价款。因此，一般情况下，设备的引进和偿还设备价款是没有现金的流入和流出。在会计核算时，一方面，引进设备的资产价值以及相应的负债，作为本企业的一项资产和一项负债，在资产负债表中分别包括在“固定资产”和“长期应付款”项目中；另一方面，用产品归还设备价款时，视同产品销售进行处理。

第三节　收入与利润分配管理

一、收入与分配管理的意义与原则

企业通过经营活动取得收入后，要按照补偿成本、缴纳所得税、提取公积金、向投资者分配利润等顺序进行分配。对于企业来说，收入分配不仅是资产保值、保证简单再生产的手段，同时也是资产增值、实现扩大再生产的工具。通过收入分配还可以满足国家政治职能与经济职能的需要。同时，它也是处理所有者、经营者等各个方面物质利益关系的基本手段。

(一) 收入与分配管理的意义

1. 集中体现了企业所有者、经营者与劳动者之间的利益关系

企业所有者是企业权益资金的提供者，按照谁出资、谁受益的原则，其应得的投资收益需通过企业的收入分配来实现，而获得投资收入的多少取决于企业盈利状况及利润分配政策。通过收入分配，投资者能实现预期的收益，提高企业的信誉程度，有利于增强企业未来融通资金的能力。

企业的债权人在向企业投入资金的同时也承担了一定的风险。企业的收入分配中应体现出对债权人利益的充分保护，不能伤害债权人的利益。除按时支付到期本金、利息外，企业在进行收入的分配时也要考虑债权人未偿

付本金的保障程度，否则将在一定程度上削弱企业的偿债能力，从而降低企业的财务弹性。

职工是价值的创造者，是企业收入和利润的源泉。通过薪资的支付以及各种福利的提供，可以提高职工的工作热情，使其为企业创造更多的价值。因此，为了正确、合理地处理好企业各方利益相关者的需求，就必须对企业所实现的收入进行合理分配。

2. 企业维持简单再生产和实现扩大再生产的基本条件

企业在生产经营过程中所投入的各类资金，会随着生产经营活动的进行而不断地发生消耗和转移，形成成本费用，最终构成商品价值的一部分。销售收入的取得，为企业成本费用的补偿提供了前提，为企业简单再生产的正常进行创造了条件。通过收入与分配的管理，企业能形成一部分自行安排的资金，可以增强企业生产经营的财力，有利于企业适应市场需要扩大再生产。

3. 企业优化资本结构、降低资本成本的重要措施

留存收益，是企业重要的权益资金来源。留存收益的多少，影响企业积累的多少，从而影响权益与负债的比例，即资本结构。企业价值最大化的目标要求企业的资本结构最优，而收入与分配便成了优化资本结构、降低资本成本的重要措施。

（二）收入与分配管理的原则

1. 依法分配原则

企业的收入分配必须依法进行。为了规范企业的收入分配行为，维护各利益相关者的合法权益，国家颁布了相关法规。这些法规规定了企业收入分配的基本要求、一般程序和重要比例，企业应当认真执行，不得违反。

2. 分配与积累并重原则

企业的收入分配必须坚持积累与分配并重的原则。企业通过经营活动赚取收益，既要保证企业简单再生产的持续进行，又要不断积累企业扩大再生产的财力基础。恰当处理分配与积累之间的关系，留存一部分净收益以供未来分配之需，能够增强企业抵抗风险的能力，同时也可以提高企业经营的稳定性与安全性。

3. 兼顾各方利益原则

企业的收入分配必须兼顾各方面的利益。企业是经济社会的基本单元，企业的收入分配涉及国家、企业股东、债权人、职工等多方面的利益。正确处理它们之间的关系，协调其矛盾对企业的生存、发展是至关重要的。企业在进行收入分配时，应当统筹兼顾，维护各利益相关者的合法权益。

4. 投资与收益对等原则

企业进行收入分配应当体现“谁投资，谁受益”，收益大小与投资比例相对等的原则。这是正确处理投资者利益关系的关键。企业在向投资者分配收益时，应本着平等一致的原则，按照投资者投资额的比例进行分配，不允许任何一方随意多分多占，以从根本上实现收入分配中的公开、公平和公正，保护投资者的利益。

二、收入管理

广义的企业收入是指企业因销售商品、提供劳务、转让资产使用权所取得的各种收入的总称。由于销售收入应当是企业收入的主体，故这里所指收入主要是指销售收入，即企业在日常经营活动中，由于销售产品、提供劳务等所形成的收入。

销售收入是企业的主要财务指标，在资金运动过程中处于起点和终点的地位，具有重要的经济意义。它是企业简单再生产和扩大再生产的资金来源，是加速资金周转的前提。由于销售收入具有重要的经济意义，所以必须加强企业销售收入的管理。销售收入大小的制约因素主要是产品的销售数量和销售价格，因此，企业在经营管理过程中一定要做好销售预测分析以及销售定价管理。

（一）销售预测分析

销售预测分析是指通过市场调查，以有关的历史资料和各种信息为基础，运用科学的预测方法或管理人员的实际经验，对企业产品在计划期间的销售量或销售额做出预计或估量的过程。企业在进行销售预测时，应充分研究和分析企业产品销售的相关资料，如产品价格、产品质量、售后服务、推销方法等。此外，对企业所处的市场环境、物价指数、市场占有率及经济发展趋势等情况也应进行研究分析。

销售预测的方法有很多种，主要包括定性分析法和定量分析法。

1. 销售预测的定性分析法

定性分析法，即非数量分析法，是指由专业人员根据实际经验，对预测对象的未来情况及发展趋势做出预测的一种分析方法。它一般适用于预测对象的历史资料不完备或无法进行定量分析时，主要包括营销员判断法、专家判断法和产品寿命周期分析法。

(1) 营销员判断法。这种方法又称意见汇集法，是由企业熟悉市场情况及相关变化信息的经营管理人员对由营销员调查得来的结果进行综合分析，从而做出较为正确预测的方法。这种方法的优点在于用时短、成本低、比较实用。但是这种方法单纯靠营销人员的主观判断，具有较多的主观因素和较大的片面性。

(2) 专家判断法。这是由专家根据他们的经验和判断能力对特定产品的未来销售量进行判断和预测的方法，主要有以下三种不同形式。

第一，个别专家意见汇集法，即分别向每位专家征求对本企业产品未来销售情况的个人意见，然后将这些意见再加以综合分析，确定预测值。

第二，专家小组法，即将专家分成小组，运用专家的集体智慧进行判断预测的方法。此方法的缺陷是预测小组中的专家意见可能受权威专家的影响，客观性较德尔菲法差。

第三，德尔菲法，又称函询调查法，它采用函询的方式，征求各方面专家的意见，各专家在互不通气的情况下，根据自己的观点和方法进行预测，然后由企业把各个专家的意见汇集在一起，通过不记名方式反馈给各位专家，请他们参考别人的意见修正本人原来的判断，如此反复数次，最终确定预测结果。

(3) 产品寿命周期分析法。这是利用产品销售量在不同寿命周期阶段上的变化趋势，进行销售预测的一种定性分析方法，它是对其他预测分析方法的补充。产品寿命周期是指产品从投入市场到退出市场所经历的时间，一般要经过萌芽期、成长期、成熟期和衰退期四个阶段。在这一发展过程中，产品销售量的变化呈一条曲线，称为产品寿命周期曲线。

判断产品所处的寿命周期阶段，可根据销售增长率指标进行。一般来说，萌芽期增长率不稳定，成长期增长率最大，成熟期增长率稳定，衰退期增长率为负数。萌芽期历史资料缺乏，可以运用定性分析法进行预测；成长期可运用回归分析法进行预测；成熟期销售量比较稳定，适用趋势预测分析法。

2. 销售预测的定量分析法。这种方法也称数量分析法，是指在预测对象有关资料完备的基础上，运用一定的数学方法，建立预测模型做出预测。它一般包括趋势预测分析法和因果预测分析法两大类。

(1) 趋势预测分析法。主要包括算术平均法、加权平均法等。

算术平均法，即将若干历史时期的实际销售量或销售额作为样本值，求出其算术平均数，并将该平均数作为下期销售量的预测值。算术平均法适用于每月销售量波动不大的产品的销售预测。

加权平均法，同样是将若干历史时期的实际销售量或销售额作为样本值，将各个样本值按照一定的权数计算得出加权平均数，并将该平均数作为下期销售量的预测值。一般来说，由于市场变化较大，离预测期越近的样本值对其影响越大，而离预测期越远的则影响越小，所以权数的选取应遵循“近大远小”的原则。

(2) 因果预测分析法。这通过影响产品销售量（因变量）的相关因素（自变量）以及它们之间的函数关系，并利用这种函数关系进行产品销售预测的方法。

(二) 销售定价管理

销售定价不仅影响产品的边际贡献，而且影响产品的销售数量与市场地位，从而对企业收入产生复杂而直接的影响。正确制定销售定价策略，直接关系到企业的生存和发展，加强销售定价管理是企业财务管理的重要内容。

1. 销售定价管理的含义

销售定价管理是指在调查分析的基础上，选用合适的产品定价方法，为销售的产品制定最为恰当的售价，并根据具体情况运用不同价格策略，以实现经济效益最大化的过程。

企业销售各种产品都必须确定合理的产品销售价格。产品价格的高低直接影响到销售量的大小，进而影响到企业的盈利水平。单价水平过高，导致销售量降低，如果达不到保本点，企业就会亏损；单价水平过低，虽然会起到促销作用，但单位毛利降低，使企业的盈利水平下降。因此，产品销售价格的高低，价格策略运用得恰当与否，都会影响到企业正常的生产经营活动，甚至影响到企业的生存和发展。进行良好的销售定价管理，可以使企业的产品更富有吸引力，扩大市场占用率，改善企业的相对竞争地位。

2. 影响产品价格的因素

影响产品价格的因素非常复杂，主要包括以下五个方面。

（1）价值因素。价格是价值的货币体现，价值的大小决定着价格的高低，而价值量的大小又是由生产产品的社会必要劳动时间决定的。因此，提高社会劳动生产率，缩短生产产品的社会必要劳动时间，可以相对地降低产品价格。

（2）成本因素。成本是影响定价的基本因素。企业必须获得可以弥补已发生成本费用的足够多的收入，才能长期生存发展下去。虽然短期内的产品价格有可能会低于其成本，但从长期来看，产品价格应等于总成本加上合理的利润，否则企业将无利可图，难以长久生存。

（3）市场供求因素。市场供求变动对价格的变动具有重大影响。当一种产品的市场供应大于需求时，就会对其价格产生向下的压力；而当其供应小于需求时，则会推动价格的提升。市场供求关系是永远矛盾的两个方面，因此，产品价格也会不断地波动。

（4）竞争因素。产品竞争程度不同，对定价的影响也不同。竞争越激烈，对价格的影响也越大。在完全竞争的市场，企业几乎没有定价的主动权；在不完全竞争的市场，竞争的强度主要取决于产品生产的难易和供求形势。为了做好定价决策，企业必须充分了解竞争者的情况，最重要的是竞争对手的定价策略。

（5）政策法规因素。各个国家对市场物价的高低和变动都有限制和法律规定，同时国家会通过生产市场、货币金融等手段间接调节价格。企业在制定定价策略时，一定要很好地了解本国及所在国有关方面的政策和法规。

3. 企业的定价目标

定价目标是指企业在一定的经营环境中，制定产品价格，通过价格效用实现企业预期的经营目标。企业自身的实际情况及所面临的外部环境不同，企业的定价目标也多种多样，主要有以下五种。

（1）实现利润最大化。这种目标通常是通过为产品制定一个较高的价格，从而提高产品单位利润率，最终实现企业利润最大化。它适用于在市场中处于领先或垄断地位的企业，或者在行业竞争中具有很强的竞争优势，并能长时间保持这种优势的企业。

（2）保持或提高市场占有率。企业为了实现这一目标，其产品价格往往需要低于同类产品价格，以较低的价格吸引客户，逐步扩大市场份额，但在短期内可能要牺牲一定的利润空间。因此，这种定价目标要求企业具有潜在的生产经营能力，总成本的增长速度低于总销量的增长速度，商品的需求价格弹性较大，适用于能够薄利多销的企业。

（3）稳定价格。通常做法是由行业中的领导企业制定一个价格，其他企业的价格则与之保持一定的比例关系，无论是大企业还是中小企业都不会随便降价。这种定价通常适用于产品标准化的行业，如钢铁制造业等。

（4）应对和避免竞争。当竞争对手维持原价时，企业也保持原价；竞争对手改变价格时，企业也相应地调整价格，但是企业不会主动调整价格。这种定价方法主要适用于中小型企业。

（5）树立企业形象及产品品牌。以树立企业形象及产品品牌为定价目标主要有两种情况：一是树立优质高价形象。企业在定价时，可以不拘泥于实际成本，而是制定一个较高的价格，产生一种品牌的增值效应。采用这种策略，不但可以使企业获得高额利润，而且还能够满足消费者的心理需求。二是树立大众化评价形象。通过大众化的评价定位树立企业形象，吸引大量的普通消费者，以提高销量，获得利润。

4.产品定价方法

产品定价方法主要包括以成本为基础的定价方法和以市场需求为基础的定价方法两大类。

（1）以成本为基础的定价方法。企业成本范畴基本上有三种成本可以作为定价基础，即变动成本、制造成本和完全成本。

变动成本是指其总额会随业务量的变动而变动的成本。变动成本可以作为增量产量的定价依据，但不能作为一般产品的定价依据。

制造成本是指企业为生产产品或提供劳务等发生的直接费用支出，一般包括直接材料、直接人工和制造费用。由于它不包括各种期间费用，因此不能正确反映企业产品的真实价值消耗和转移。利用制造成本定价不利于企业简单再生产的继续进行。

完全成本是指企业为生产、销售一定种类和数量的产品所发生的费用总额，包括制造成本和管理费用、销售费用及财务费用等各种期间费用。在完全成本基础上制定价格，既可以保证企业简单再生产的正常进行，又可以使劳动者为社会劳动所创造的价值得以全部实现。因此，当前产品定价的基础，仍然是产品的完全成本。

(2) 以市场需求为基础的定价方法。以成本为基础的定价方法，主要关注企业的成本状况而不考虑市场需求状况，因而采用这种方法制定的产品价格不一定满足企业销售收入或利润最大化的要求。最优价格应是企业取得最大销售收入或利润时的价格。以市场需求为基础的定价方法可以契合这一要求，主要有需求价格弹性系数定价法和边际分析定价法等。

需求价格弹性系数定价法，是指产品在市场上的供求变动关系，实质上体现在价格的刺激和制约作用上。需求增大导致价格上升，刺激企业生产；而需求减小，则会引起价格下降，从而制约了企业的生产规模。从另一个角度看，企业也可以根据这种关系，通过价格的升降来作用于市场需求。在其他条件不变的情况下，某种产品的需求量随其价格的升降而变动的程度，就是需求价格弹性系数。

边际分析定价法，是指基于微分极值原理，通过分析不同价格与销售量组合下的产品边际收入、边际成本和边际利润之间的关系，进行定价决策的一种定量分析方法。

边际是指每增加或减少一单位所带来的差异。那么，产品边际收入、边际成本和边际利润就是指销售量每增加或减少一单位所形成的收入、成本和利润的差额。按照微分极值原理，如果利润函数的一阶导数等于零，即边际利润等于零，边际收入等于边际成本，那么，利润将达到最大值。此时的价格就是最优销售价格。

当收入函数和成本函数均可微分时，直接对利润函数求一阶导数，即可得到最优售价；当收入函数或成本函数为离散型函数时，可以通过列表法，分别计算各种价格与销售量组合下的边际利润，那么，在边际利润大于或等于零的组合中，边际利润最小时的价格就是最优售价。

5. 价格运用策略

企业之间的竞争在很大程度上表现为企业产品在市场上的竞争。市场占有率的大小是衡量产品市场竞争能力的主要指标。除了提升产品质量之外，根据具体情况合理运用不同的价格策略，可以有效地提高产品的市场占有率和企业的竞争能力。其中，主要的价格运用策略有以下四种。

（1）折让定价策略。折让定价策略是指在一定条件下，以降低产品的销售价格来刺激购买者，从而达到扩大产品销售量的目的。价格的折让主要表现是折扣，一般表现为单价折扣、数量折扣、现金折扣、推广折扣和季节性折扣等形式。

单价折扣，是指给予所有购买者以价格折扣，而不管其购买数量的多少。

数量折扣，即按照购买者购买数量的多少所给予的价格折扣。购买数量越多，则折扣越大；反之，则越小。

现金折扣，即按照购买者付款期限长短所给予的价格折扣，其目的是鼓励购买者尽早偿还货款，以加速资金周转。

推广折扣，是指企业为了鼓励中间商帮助推销本企业产品而给予的价格优惠。

季节性折扣，即企业为鼓励购买者购买季节性商品所给予的价格优惠。这样可以鼓励购买者提早采购，减轻企业的仓储压力，加速资金周转。

（2）心理定价策略。心理定价策略是指针对购买者的心理特点而采取的一种定价策略，主要有声望定价、尾数定价、双位定价和高位定价等。

声望定价，是指企业按照其产品在市场上的知名度和消费者中的信任程度来制定产品价格的一种方法。一般来说，声望越高，价格越高，这就是产品的“名牌效应”。

尾数定价，即在制定产品价格时，价格的尾数取接近整数的小数（如199.9元）或带有一定谐音的数（158元）等。它一般只适用于价值较小的中低档日用消费品定价。

双位定价，是指在向市场以挂牌价格销售时，采用两种不同的标价来促销的一种定价方法。比如，某产品标明“原价158元，现促销价99元”。

这种策略适用于市场接受程度较低或销路不太好的产品。

高位定价，即根据消费者“价高质优”的心理特点实行高标价促销的方法。但高位定价必须是优质产品，不能弄虚作假。

(3) 组合定价策略。组合定价策略是针对相关产品组合所采取的一种方法。它根据相关产品在市场竞争中的不同情况，使互补产品价格有高有低，或使组合售价优惠。对于具有互补关系的相关产品，可以采取降低部分产品价格而提高互补产品价格，以促进销售，提高整体利润，如便宜的整车与高价的配件等。对于具有配套关系的相关产品，可以对组合购买进行优惠，如西服套装中的上衣和裤子等。组合定价策略可以扩大销售量、节约流通费用，有利于企业整体效益的提高。

(4) 寿命周期定价策略。寿命周期定价策略是根据产品从进入市场到退出市场的生命周期，分阶段确定不同价格的定价策略。产品在市场中的寿命周期一般分为推广期、成长期、成熟期和衰退期。推广期的产品需要获得消费者的认同，进一步占有市场，应采取低价促销策略；成长期的产品有了一定的知名度，销售量稳步上升，可以采用中等价格；成熟期的产品市场知名度处于最佳状态，可以采用高价促销，但由于市场需求接近饱和，竞争激烈，定价时必须考虑竞争者的情况，以保持现有市场销售量；衰退期的产品市场竞争力下降，销售量下滑，应该降价促销或维持现价并辅之以折扣等其他手段，同时，积极开发新产品，保持企业的市场竞争优势。

第三章　现代企业财务成本与预算管理

近年来，企业越发认识到财务成本与预算管理对企业发展的重要性。本章内容主要包括企业财务成本管理概述、企业相关成本与控制的优化、企业财务预算管理基础、企业财务预算的编制与执行。

第一节　企业财务成本管理概述

一、企业财务成本管理的重要性

财务成本管理是财务理论基础的重要组成部分，也是企业健康发展的重要基础，具体作用包括以下三点。

第一，通过企业财务成本管理，企业高层管理决策者可以获取企业升级与改革的基础依据。企业想要壮大与发展，必须在合理的运作中获取高额利润，而成本管理可以精准地为决策者提供成本优化的基础资料。

第二，财务成本管理可以为企业各组织、各部门在日常经济活动中提供帮助。同时，也只有各部门定期向财务部门提供与本职能工作有关的各类数据，才能对整个企业的财务成本进行客观、真实的管理。

第三，通过对财务成本管理结果进行分析与研究，可以有针对性、科学地对企业内部资产进行合理的组织与分配。一个企业的成本，包括人才成本、劳务成本、原材料成本、机械设备、财务成本、管理成本等。所以，企业在选择项目或者产品前务必要充分掌握和了解市场需求动向及投资回收的可行性。

二、企业财务成本管理的特点

现代化企业管理模式更多地强调生产运营低成本、高效率、高质量，在企业战略发展上与世界接轨，从长远的角度、全局的高度提升自我。现代化企业在成本管理上的主要特点如下。

一是现代化企业管理，在成本管理与控制上要做到科学与合理，但是不代表一味地压缩成本减少支出，而是在合适的时候，或者把握住机遇后，该支出的时候一定要支出，因为这类支出并不是纯粹的费用成本，会在未来某一时间段或时间点获取相应的利润。

二是在成本管理中，企业是站在整个企业运行和发展的宏观高度，这要求企业的成本控制要从全局出发，对立项、科研、设计、投产、运营各个经济环节进行分项管理与控制。

三、企业成本管理的内容范畴

企业成本管理是一种财务职能，是企业发展过程中各类经济与财务的分工与管理。依据不同的标准，成本管理具体可以分为成本预测、成本核算、成本控制、降低成本，针对以上基本管理职能，后文将陆续展开论述。

(一) 成本预测

成本预测是成本管理的一个重要组成部分。通过对财务成本进行预测，其结论或者结果是相对准确的，但是，这种预测是建立在对以往的数据统计分析的基础上的，所以又带有一定的不确定性。这种不确定性主要在数据的可靠性与结论的近似性的对立与统一中产生。

成本预测职能的基本工作环节包括以下四个方面。

第一，以企业的总体目标为指导，进一步提出初步成本目标。

第二，进行初步预测，就是按照目前企业自身客观实际条件，在预定的期限内可以实现的成本，并找出与目标成本之间的差距。

第三，制订多种成本降低方案，然后通过计算统计实施后的成本达标水平，选定合理的成本目标。

第四，选取最优成本方案。企业成本预测常用方法主要有定量预测法、趋势预测法、因果预测法、定性预测法以及成本预测的高低点法等。

（二）成本核算

在进行成本核算的时候，首先要做的事就是对生产经营的管理费用进行审核，以便对生产经营的相关管理费用和产品成本进行直接控制和管理。我们需要明确这些生产经营活动是否发生过；它们是不是都是应该且必要发生的；那些已经发生过的生产经营活动，在计算产品的成本时是不是应该将其计算进去。在此之后，我们可以根据用途的不同，对已经产生的各种费用进行分类整理归纳，对于各类产品的总成本以及单位成本进行计算，从而使我们在对成本进行管理的时候，能够掌握更多更真实的资料。

在进行成本核算时，下面这两项内容都是需要包含在内的。

第一，确定成本核算的最终目的。一般来讲，我们进行成本核算的目的有很多，比如，对销售成本进行计算、对存货进行计价、对收益进行确定等，此外，成本核算还可以帮助我们进行成本的控制和决策，对产品进行定价，等等。

第二，确定成本核算的对象。我们进行成本核算的目的不同，就意味着核算的对象也是不同的。如果我们的核算对象是各类、各批次、各个不同生产步骤的新产品，我们所要做的就是对产品的单位成本和总成本进行计算；如果核算的对象是各个责任单位，我们所要做的就是对责任成本进行计算。

（三）成本控制

所谓企业成本控制，指的是按照事先定好的成本制度以及管理控制的目标，企业要在自身的职权范围内，针对各种各类对企业的成本可能产生影响的因素和不利条件等进行管理控制，在其过度耗费成本之前，采取有效的措施对风险进行预防、对成本进行控制，从而保证成本制度和管理控制目标顺利实现。根据成本控制的阶段进行划分，企业成本控制主要分为事前企业成本控制、事中企业成本控制和事后企业成本控制三类：事前企业成本控制是整个企业成本控制活动中最重要的环节，直接影响整个企业管理流程的成本；事中企业成本控制是指对整个企业运行成本的事中控制，包括对人力、物力、财力的事中控制以及劳动工具等费用支出的事中控制；事后成本控制是指及时发现企业存在的成本问题，及时进行问题纠正，保证成本控制目标的实现。

(四) 降低成本

企业成本主要包括两方面，即主营业务成本和期间费用，因此，降低成本应从主营业务成本和期间费用两方面着手。其途径包括以下两个方面。

第一，进行物资采购时，要着力降低成本，使采购的成本得到严格的控制。首先，我们要对供货的市场进行分析，以此为参照对自己的采购策略进行一定的调整。其次，借助一些新技术，如网络技术、信息技术等，对市场信息进行搜寻，对市场价格进行查询，帮助我们更好地进行成本核算、指标确定以及目标控制等。

第二，对于费用开支要进行严格控制，尽量节约。企业应当制定并遵守相关的财务管理制度，加强企业财务管理和降低制造费用，节约生产费用，严格控制期间费用，实施定额管理制度；加强企业财务管理和经济核算，强化企业内部审计和完善内部经济责任制。

第二节　企业相关成本与控制的优化

一、企业战略成本控制

(一) 战略成本控制的背景

20 世纪 90 年代以来，企业经营活动面临的内外环境发生了巨大变化。全球化贸易竞争愈演愈烈。激烈的竞争促使新技术飞速发展并应用于现代生产。计算机辅助制造技术的推广使计算机逐渐代替人的控制，先进的自动化制造系统带来了成本控制与管理环境的全面改变。技术创新使产品的生命周期缩短或延长，成本的驱动因素进一步多样化，成本管理的内涵与外延得到了进一步扩展。

信息技术、互联网和电子商务的发展及其在生产、通信、销售和数据处理中的应用，使成本数据获取与分析的时间减少，为成本管理提供了多样化的手段，使管理效率得到进一步提高。技术和经济的进步和发展，使得新兴企业不断涌现，新的生产、设计与销售方式也不断产生，导致成本控制与管理面临较为严峻的考验。

企业为了在激烈的市场竞争中求得生存和发展，同时为了适应现代化管理的需要，提出了战略成本控制的概念。

（二）战略成本控制的界定

控制是管理的基本职能之一，是检查和监督计划实施、修正计划执行偏差的手段。因此，战略成本控制的根本目的是企业通过这一途径降低成本，以此保持长期竞争优势。可以按照战略成本的计划要求，沿着战略方向、内容和目标，对企业内外的价值链进行全面分析，建立切实可以反映战略计划的实施标准，从而更好地监督战略成本计划的执行，及时检查实践与计划的偏差，有效制止和纠正偏差。同时，也可以作为战略成本计划实施和管理活动的实际情况的评估标准，及时调整不符合企业内部环境的计划，确保动态管理过程与计划目标达成一致。

战略成本控制通常包括两个方面：一是对成本控制方法与措施的构造与选择，以便实施成本控制的战略。战略成本实施过程中的具体成本控制方法与措施包括价值链分析、作业成本管理、成本企划等，这些措施与方法对已经使成本最低化的成本结构进行改造以求得成本降低，带有对成本控制的具体战略进行选择的倾向。二是通过对成本资料的开发、辨识、控制将产生企业持续竞争优势。成本控制制度的设计与选择将成本控制的思想、观念、措施融入企业经营活动，将使企业产生明显的成本战略优势。

（三）战略成本控制的特征

1. 长期性和开放性的结合

战略成本控制是战略管理的一大支持系统，其间各项活动的开展旨在促成和加强企业的竞争力，是长期服务于企业战略管理目标的系统。此外，战略成本的控制已经不再局限于企业内，而是将目光投向企业外，形成突破企业边界的全方位成本管理，着力于加强企业与市场的关系，使成本控制贯穿企业外部的整体价值链，使成本管理在时空范围内得以扩展，具有开放系统的特征。

2. 全局性与竞争性的统一

战略成本的控制对象多是企业全局，注重全局性。因此，战略成本控制的目的不仅是降低成本，还有在这种成本管理企业竞争优势的基础上，帮助企业决策者进行战略确定，以此使企业建立和保持长期的竞争优势。

(四) 战略成本控制的作用

战略成本控制的有效实施有助于检验战略成本计划的制订是否科学、合理，并保证预期目标的顺利实现，为制订新的战略成本计划提供有价值的战略信息。其作用表现为以下三个方面。

一是战略成本控制有利于企业保持长期竞争优势。战略成本控制的出发点是基于企业发展战略的高度进行成本控制的决策管理。在战略开始实施时就将成本控制纳入规划，从源头开始控制成本，以达成低成本、高效率的运行目标，助力企业竞争优势的保持。

二是战略成本控制有利于企业适应外部环境的变化。战略成本控制的关注点集中在企业的外部环境与竞争对手，以及企业自身、行业和竞争对手三方价值链的分析，以此作为基础，综合考虑市场环境等成本动因，进而考察成本控制，使企业能够自主适应环境变化，避开不利环境，实现自身经营发展战略目标。

三是战略成本控制有利于达成对传统成本控制理念的突破。传统成本控制观念面对日新月异的企业发展难免显出不足，由于其惯于使用降低产品成本的方式达成成本管控，难免破坏企业整体经营战略目标。而战略成本控制的目标考虑到企业环境，对控制者要求观念的变迁，提高资源利用率使得成本下降，使用价值却上升，确保战略实施，企业成本得以占据优势。

二、企业质量成本控制

(一) 质量成本控制的界定

质量成本控制指的是通过各种手段和措施，以最低的质量成本达到最高的产品质量，改善企业的管理经营水平，通过一系列管理活动达到质量成本目标。事前预测质量成本、事中控制质量成本、事后核算质量成本等一系列管理活动都是质量成本控制的重要内容。质量成本控制能够促进企业的决策，使产品质量和企业效益、社会效益得到提升。

（二）质量成本控制的原则

质量成本是指预防、鉴定、维修和修复次品的相关成本，还有因浪费生产时间和销售次品而导致的机会成本。质量成本控制的原则如下。

第一，坚持从实际出发，体现适用性原则。企业要根据产品特点、工艺技术复杂程度、设备条件和计量测试手段以及管理水平的具体情况，设置质量成本项目。所设质量成本项目应从企业实际出发，能够反映构成企业质量成本的重要方面，突出重点、粗中有细、粗细适当，坚持适用性的原则。

第二，项目的设置符合质量成本的定义范围，反映质量成本的构成内容。国家规定的质量成本开支范围反映了质量成本的构成内容，应按开支范围规定设置质量成本项目，把与产品质量有关的费用和损失按经济用途归入相应的质量成本项目。对于那些难以确认和计量，尚属探讨中的质量费用和损失则暂不列入质量成本及其构成项目。

第三，注重与企业成本核算制度相适应，与企业内部管理体制相符合。质量成本项目的设置要便于质量成本的确认、计量、分类、归集和汇总，便于企业内部进行核算和列报。

第四，明确质量成本责任管理的职责。质量成本项目设置要有利于明确职责，分清责任，便于检查、控制和考核。

第五，充分借鉴国外质量成本项目设置的先进经验，逐步实现与国际惯例接轨。同时，防止生搬硬套，脱离企业实际。

第三节　企业财务预算管理基础

一、预算与企业财务预算

(一) 预算

1. 预算的起源

“预算”一词起源于法语“bougette”(公文包)，最初是政府部门用于管理财政收支的重要手段 (财政预算)，随着市场经济的发展，这种计划手段逐渐为企业所借鉴，发展成为企业内部规划和配置资源的重要管理方法。通常由企业财务部门或会计部门发起和组织预算的制定以及预算执行结果的决算、考评，从而使得预算成为企业的一个重要管理会计方法。现代意义上的企业预算是由杜邦、通用汽车和西门子等西方大型企业发展起来的。预算的核心内容是企业内部各个运营管理部门基于当前资源基础和发展目标，评估下一阶段发展中资源需求和供给的关系，进而形成的一种资源配置计划。

2. 预算的目标

预算是面向未来，围绕企业业务活动、管理活动对企业资源优化配置的一种规划。具体来讲，企业预算是以经营目标为指引，以经营计划和管理权责为纽带，由负责预算的各个部门预计未来资源需求、估算当前资源基础和未来资源的可获得性，从而完成资源供求匹配的一种资源配置计划。预算的主要特点是预计资源供求、响应经营计划，既有预计也有估算，既有财务资源的计划也有非财务资源的计划，故预算被称为企业管理上的“计划之手”。

在本质上，预算是围绕企业业务流程和管理流程，完整反映资源配置过程与预计配置结果的一种管理手段。在逻辑顺序上，预算通常是基于业务流程和管理流程预计各项资源的需求和供给，然后采用货币计量形成资源配置后的预计财务结果，从而使得预算具有自成体系的内在钩稽关系。

(二) 企业财务预算

财务活动是指企业资金运动过程中的资金筹集、使用及利润分配等活动的总称，包括资金筹集、资金使用和利润分配三个基本环节；经营成果是企业在一定时期内从事生产经营活动所取得的最终成果；财务状况是指企业一定日期的资产、负债及权益情况，是企业一定时期财务活动结果的综合反映。企业预算的基础是企业的决策和预测，进而以金额和数量的形式，将企业未来一定时期内的财务、经营和投资等活动的具体计划反映出来，是针对企业的目标实现而安排的各种资源和企业活动的过程。通常来说，专门决策预算、日常业务预算和财务预算是企业预算的三大类。

二、企业财务预算的类别

（一）企业的利润预算

利润预算是预算期内企业经营活动成果及利润分配的预算。

1. 利润预算的主要内容

利润预算主要包括利润表预算、营业外收支预算和利润分配预算。

（1）利润表预算。利润表预算是预算期内企业经营活动成果的预算。它以动态指标形式总括反映了预算期内企业执行经营预算及其他相关预算之后的效益情况。

（2）营业外收支预算。营业外收支预算是预算期内企业与日常经营活动无直接关系的各项利得和损失的预算。它总括反映了预算期内企业经营成果之外的收益与支出情况。

（3）利润分配预算。利润分配预算是预算期内企业对净利润以及以前年度未分配利润进行分配的预算。它总括反映了企业对预算期内实现的净利润以及以前年度未分配利润在各个方面进行分配的数额和过程。

2. 利润预算的重要性

利润预算的重要性来自利润的重要性和利润预算本身的功能作用。

（1）追求利润是企业经营的动机。利润是个差额概念，是收入与成本费用相抵后的余额，反映了企业一定时期的经营成果。企业实现的利润越多，向国家缴纳的所得税就越多；利润是企业发展的经济源泉，企业实现的利润越多，企业进行发展的自有资金就越充足；利润是进行股利分配的基本依据，企业的税后利润越多，投资者从企业分到的股利就越多；利润反映了企业的获利能力，企业实现的利润越多，获利能力就越强，债权人对企业就越放心，经营者就越开心，企业员工就会从企业的税后留利中得到更多的福利和好处。可见，追求利润是企业经营的基本动机。利润预算作为反映企业预算期内实现利润情况的预算，其重要性可见一斑。

（2）编制利润预算有利于提高企业经济效益。一是通过编制利润预算，可以从总体上掌控企业在预算期内的收入、成本、费用和利润的实现及构成情况，可以据此分析影响利润形成和变动的重要因素，分析、评价企业的盈利状况和经营成果，促进企业不断改进经营管理，不断提高经济效益。二是利润预算作为综合反映企业经营活动及其成果的预算，可以展示企业的获利能力和发展趋势，为投资者、债权人、经营者进行投资决策、经营决策提供资料依据。三是通过编制利润预算，企业不仅可以实现预算期内经营活动、投资活动、财务活动与企业战略规划及经营目标的协调统一，而且可以通过编制分部门的利润预算，落实各自的利润责任，实现以利润为目标的综合管理。

（二）企业的现金预算

1. 现金预算的主要内容

现金预算由四部分组成：现金收入、现金支出、现金多余或不足、资金的筹措与运用。

（1）现金收入，包括期初现金余额和预算期现金收入，主要有现销收入、收回的应收账款、应收票据到期兑现和票据贴现等，该数据可从销售预算的预计现金收入表中获得。

（2）现金支出，包括预算期的各项现金支出。其主要有材料采购、工资、制造费用、销售及管理费用、税金、利润以及资本预算支出等。

（3）现金多余或不足，指现金收入与支出相抵后的余额。若余额为正数，则表示现金有盈余；若余额为负数，则表示现金不足。

（4）资金的筹措与运用。当企业预算期内现金不足时，需向银行借款或发放短期商业信用来筹措资金；当企业预算期内现金有多余时，可通过偿还借款或进行短期投资来运用资金。

2. 现金预算的作用体现

第一，现金预算是现金流管理的工具。现金流是以收付实现制为基础反映一定期间内企业的现金流入量和流出量。如果把企业比喻为人的躯体，那么现金流就是企业的血液。人的生存离不开血液，企业的生存离不开现金流。企业的资产规模再大，账面利润再多，一旦现金流中断，就会引发财务危机，严重的还会导致企业破产。因此，现金流无论是对企业的经营者、投资者，还是对债权人都十分重要。企业管理以财务管理为中心，财务管理则应以现金流管理为重点，编制现金预算正是企业加强现金流管理的重要措施。

第二，有利于企业事先对现金收支活动进行计划。通过现金预算，人们可以清楚地看到企业的现金何时来、从何而来，又何时用于何方，从而通过对现金收支及持有量的合理安排，确保企业各项生产经营活动的顺利进行。如果没有现金预算，企业将无法对现金收支活动进行合理的计划、平衡和调度，就有可能使企业陷入财务困境。

第三，可以调剂现金余缺。期初现金余额加上预算期现金收入，再减去预算期现金支出和期末现金余额，就是预算期应该融资的数额。如果现金余缺为正数，可以安排投资；如果现金余缺为负数，则必须筹措资金。因此，现金预算可以清楚地表明企业预算期内的现金多余或不足状况，从而有利于企业制订预案，既避免由于现金多余而造成资金浪费，又避免由于现金不足而影响企业经营活动、投资活动和财务活动的顺利进行。

第四，提高企业对到期债务的偿付能力。能否偿还到期债务，是衡量企业偿债能力强弱的重要标志。一个企业一旦缺乏偿债能力，不仅无法获得后续债务资金，而且还会因无力支付到期债务而被迫出售资本性投资项目或拍卖固定资产，甚至会走向破产。因此，企业通过编制现金预算，可以提高对到期债务偿付能力的预见性，有利于提前采取措施，合理调配资金，确保到期债务的按时偿付。

第五，可配置财务资源。合理调控企业的经营活动和资本性投资活动。编制现金预算，不仅是对其他预算中的现金收支活动进行汇总，更重要的是通过合理调配各类预算中的现金收付时间和收付数额，促使企业各项业务活动开源节流，实现财务资源的最佳配置，并通过对现金收付的调控，实现对企业各项业务活动的合理调控。

(三) 利润表预算与资产负债表预算

1. 利润表预算

在财务管理中利润表和资产负债表预算都是重要的工具。将财务信息提供给外部报表使用人是其主要目的。当然，这并不能说明对企业经理人员来说常规财务报表没有价值。企业财务管理服务是财务报表预算的主要内容，财务报表预算作为一项重要手段，能够控制企业资金、利润和成本的总量。因此，通常被称为企业的总预算，能够对一定期间内企业的经营全局情况进行总体反映。

2. 资产负债表预算

资产负债表的格式和内容是资产负债表编制的主要依照内容，是对企业预算期期末的财务状况进行综合反映的报表。以上期期末资产负债表为基础，调整资本、销售和生产等预算提供的相关资料编制而成的是预计资产负债表。对预算所反映的财务状况流动性和稳定性进行判断是编制预计资产负债表的主要目的。

三、企业预算管理体系

预算管理具有计划、控制和评价职能，是通过预算的形式将市场和公司内部经营过程、管理控制衔接起来的一种机制，其目的在于控制运营过程和结果，使之符合预算的要求。

将预算应用于企业管理中，一方面是在事前支持经营计划，即开展预算编制，另一方面是通过预算的执行开展考核评价，在管理会计上称为决算。以预算编制为起点，到中期决算和最终决算包含的预算执行监督与考评，形成了企业的预算管理体系，它在事前具有计划的作用，在事中和事后具有控制的作用。所以，企业的预算管理体系是从预算编制到决算考评所包含的一系列管理会计方法的综合运用，是一种以资源优化配置为目标的管理实践。在预算管理的类型上，当预算管理与企业短期经营计划相结合时，形成的是日常预算管理；当预算管理与企业战略规划相结合时，形成的是战略预算管理。

(一) 全面预算管理的含义理解

对于整合管理控制实物流、信息流、资金流、业务流等的方面来说，全面预算是为数不多的方法之一。

全面预算管理是基于预算管理的基本内容，将预算编制以及预算的执行、考核全覆盖于企业的主要流程与管理职能中，其全面性主要体现在以下三个方面。

第一，全面预算管理的全面体现在预算管理对象的全方位上，即预算编制全方位地覆盖企业的各项运营和管理活动，将企业的人、财、物等各类资源，以及供、产、销等各个环节均纳入预算管理范畴，而且通过预算的编制、分解、下达以及执行、分析、调整、考核及奖惩，对企业各项经营活动进行事前、事中和事后的全过程管理。

第二，全面预算管理的全面体现在预算管理对其他管理手段的全面运用上，作为一种管理控制方法，全面预算管理是将企业计划、协调、控制、激励、评价等综合管理功能融合到一起，整合和优化配置企业资源，提升企业运行效率，帮助企业实现发展目标。

第三，全面预算管理的全面体现在预算管理主体的全员参与上，全面预算管理要求企业所有部门、单位以及岗位和人员等都参与到预算的编制与实施过程中，共同进行管理，通过全员参与的方式促使企业的预算管理最大可能地吸收企业流程中的各项信息，保证预算编制的准确性，以及预算考核的合理性。

因此，全面预算是促进企业实现其发展战略和年度经营目标的有效管理方法，也是实现业务与财务融合的一个管理抓手。

(二) 预算管理与其他管理的关系

1. 预算与计划

预算与计划有十分密切的关系。计划是良好管理的关键，它通过对未来事件的预测，预先对企业的未来活动做出安排，包括对可能出现的问题进行应变对策安排等。计划是管理工作的首要职能，即所谓“预则立”，虽然它并不能保证事业的成功，但是能有效地提高成功的概率。良好的计划工作首先要确定明确的目标，然后才就如何实现目标进行策划，包括根据目标设定明确的行动方向，寻找最为经济有效的行动路径与执行方法，并对资金、人员及设备等有限资源进行合理分配。

企业的计划包括以市场预测为依托的销售计划，以生产安排为主线的生产线安排计划、生产计划、原材料采购计划、库存计划、薪酬计划，以及资产计划、资金计划和用品采购计划等。

从预算编制而言，就是依据经营计划等，基于资源配置而制定企业的收入预算、成本预算（包括生产成本预算、人力成本预算及固定成本预算）、各项费用预算等，最后形成预计利润表。可以说，预算是在计划数量化基础上所做的价值量的表述和安排。

预算管理的首要功能是对资金、人员及设备等各种资源进行有效的支配与控制，为此预算管理需要通过经营计划确定预算目标，通过计划寻求达成目标的途径，然后通过预算进行控制与调节，最终共同促使目标实现。

2. 预算与预测

预测是根据历史资料和现在的信息，运用一定的科学预测方法，对市场趋势和企业未来经济活动可能产生的经济效益和发展趋势进行预计与推测，它是计划的基础。

以中兴通讯为初始的财务管理改革，将财务管理细分为共享财务、业务财务和战略财务，业务财务中出现的业财融合的管理理念正在被越来越多的企业采纳，并成为国务院国资委推动国有企业财务管理提升的重要方向。

预算管理则是在预测的基础上，对企业未来发展所提出的对策性方案和计划的数量表述，它是以货币的形式对企业未来的收入、现金流量和财务状况进行的预期量化。

3. 预算与战略规划

战略规划是在战略决策的基础上，为实现战略目标所拟定的行动路线和资源配置计划，是在企业中长期经营方向的指导下配置及约束相关经营资源。预算则是对战略目标和战略规划的分解，它服务于战略规划，并以战略规划为起点。战略规划首先分解为各项详细的计划，如销售计划、资金计划等，而预算就是在这些计划的基础上，通过合理配置资源，制定各项详细预算，如成本费用预算、收入预算，最终形成财务预算表。全面预算实际上是指导资源分配以实现战略目标的连续控制过程。

总之，预算管理是企业整个管理体系的一项重要工具，企业的成功需要依靠包括预算管理在内的整个管理体系和运行机制的共同作用才能实现。健全的预算管理体制是实现预算功能的保障。企业一般应遵循合法科学、高效有力、经济适度、全面系统、权责明确等原则建立预算管理体制。

四、预算管理的框架体系

预算管理的基本框架是预算管理的主体，即谁来负责预算的编制、执行、考核，以及预算管理的实际运转，即如何推动预算管理的实施，这分别对应着预算管理的组织体系以及预算管理的运转体系。

(一) 预算管理的组织体系

工作执行、执行单位和决策机构是预算管理基本构架的三个层次。

1. 预算管理决策机构

在企业的组织架构中预算管理决策机构属于公司治理层，通常由公司董事会掌管，下面是其主要职责。

(1) 对企业的预算管理制度进行全面制定，对企业预算管理的办法、措施、政策和要求等进行明确。

(2) 在年度经营目标和企业战略规划的基础上进行预算目标的拟定，并对预算编制方法、程序和目标分解方案进行确定。

(3) 对预算草案进行组织编制和综合测评，并下达经过批准的正式年度预算。

2. 预算管理工作机构

在企业预算管理工作中，预算管理工作机构是常设管理机构，一般包括以下职责。

(1) 依照决策预算机构对企业各项全面预算管理制度进行拟订，并对预算管理制度的执行情况进行落实检查。

(2) 依照预算管理决策机构的预算目标对年度预算总目标的分解方案和相关的预算方法草案和编制程序等进行拟订，向决策机构上报。

(3) 带领各级预算单位进行预算编制，并对各预算单位的预算初稿进行预审，以平衡的角度进行综合考虑并提出修改建议和意见。

3. 预算管理的执行单位

在预算总目标达成前，按照单位的相关职责和所起的作用，对相应经济责任进行承担并享有相应利益与权力的企业内部单位就是企业预算管理的执行单位，如企业的所属分公司和内部职能部门等。通常来说，企业内部预算责任单位通常会按照企业的组织机构设置划分。

预算管理决策机构及其工作机构对预算执行单位进行指导，推动其开展工作，预算执行单位的主要职责有以下三方面。

（1）提供编制预算的各项基础资料，编制本单位的全面预算并上报。

（2）将本单位的预算指标进行分解落实，对本单位的预算执行状况进行监督检查。

（3）及时对本单位预算执行状况进行分析并做相应报告，解决预算执行中出现的问题。

（二）预算管理的运转体系

预算的编制、执行和考核是预算管理运转体系的三个阶段。从广义上说，预算编制涉及预算审批、预算下达和编制等环节；层层分解预算指标、向预算单位和个人落实责任、监控预算的执行状况、分析预算的执行结果、对预算等环节在不同的环境因素下进行调节都是预算执行的内容；决算考核对象所完成预算指标的状况，将状况对照企业事先制定的考核标准，以此来决定奖惩是预算考核。

预算的编制、执行和考核三个阶段及其中的各业务环节环环相扣、相互关联，在企业运营过程中不断循环运转，达到对企业的经营活动进行全面控制的目的。

基于企业战略以及经营目标的需要，预算管理将企业内部的各种预测、计划与预算联结为一个整体，它们相互衔接并相互钩稽，共同组成了综合的预算管理体系，不只是某一专业职能部门的职责。

从预算与计划的关系来看，预算在编制的过程中以企业各下属单位的各种计划为基础，是工作计划的量化体现，同时也促进了工作计划目标的明确并且相互衔接。而要保持预算量化的合理性、可行性，就需要以战略目标为指引，开展科学预测。

预算编制通常围绕目标和计划展开，沿着预算管理的组织体系开展自下而上以及自上而下的反复调整，最终完成预算编制。而预算编制一旦确定下来后，即开始了预算的执行，进入运转部分，只有在一定条件下才会允许调整预算数字。预算调整往往是对客观因素导致的预算偏差进行调整，对主观因素造成的预算偏差通常不予以调整。而且，预算的执行乃至必要的调整都要经过预算管理制度在预算组织体系经由责任部门批准。

所以，预算的背后是体系化的管理，涉及预算编制的管理、预算执行的管理，以及预算执行之后的决算分析管理。不仅如此，整个预算管理的运转还需要企业整体的管理制度提供支持，包括建立健全预算管理制度，明确预算组织体系的权责、预算编制制度、预算变更制度、决算分析制度等。另外，良好的人事管理、采购管理、生产管理都是为准确编制预算，确定企业运营所需的人、财、物等各项资源奠定管理基础；健全的信息系统也可以让企业关键的资源投入和资源运用信息得到及时、准确、完整的反馈，从而为预算的编制和考核提供必要的管理条件。

第四节　企业财务预算的编制与执行

一、预算编制的基本知识

要实现对业务流程的全覆盖，预算在编制上就要尽量完整充分地反映企业经营活动的主要内容与关键事项。

（一）预算编制的结构分析

在通常情况下，企业编制的预算包括面向一个年度（或一个经营周期）的业务预算（也称经营预算），超过一个年度（或一个经营周期）的资本预算，以及财务预算（各项子预算的资源安排，如筹资预算、现金预算，以及最终形成的预计利润表、预计现金流量表、预计资产负债表）。

在预算编制的主体上，业务预算（也称经营预算）、资本支出预算通常是由业务部门结合自身情况编制的，而这两项预算汇总出来的资源缺口或资源冗余，则需要财务部门来统筹安排，所以，筹资预算、现金预算以及预计报表属于财务预算。财务预算作为全面预算的一部分，是与业务预算密切相关的，它是在业务预算的基础上，用货币形式反映企业未来某一特定时期内有关现金收支、资金需求、资金融通、营业收入、成本及财务状况和经营成果等方面的详细计划，即它是用货币单位表示的企业财务计划。

(二) 预算编制的内容构成

以日常经营活动的经营预算、资本支出预算和财务预算为基础的预算是企业预算的主要内容。

1. 经营预算

经营预算主要是编制预算企业日常管理活动和经营活动的预算，具体包括销售及管理费用预算、生产预算和销售预算。经营预算编制是以销售预算为起点的，销售预算包括销售收入预算、销量预测和销售活动获得流入的现金预算。生产预算包括期末产品存货预算、生产成本预算和产量预算。制造业产品的成本主要构成可以将生产成本预算的内容认定为直接人工预算、直接材料预算、制造费用预算。这三类预算的编制一方面需要基于权责发生制进行直接材料、直接人工以及制造费用的成本预测开展预算编制；另一方面需要基于收付实现制，对材料采购、人工工资支付以及制造活动中其他现金流出开展预算编制。

2. 资本支出预算

在日常的经营活动之外，企业还涉及长期投资业务以及相关的筹资业务，由此形成资本支出预算，具体包括投资预算和筹资预算。

3. 财务预算

财务预算是综合反映经营预算和资本支出预算对企业财务状况、经营成果带来的影响，主要包括：①现金预算表，包括预计经营活动现金流入流出、预计投资活动现金流入流出、预计筹资安排及其现金流入流出、预计利润分配相关的现金流出等；②预计利润表，包括预计的各项经营收入、预计的各项经营成本以及预计的利润分配等；③预计资产负债表，通常以企业财务会计的资产负债表项目及其编制原理为依据，结合各个预算编制项目完成预计资产负债表。

预算的编制是起点，也是决定预算管理效果最为重要的因素。预算的编制以销售预算为起点，进而对生产、成本费用以及现金收支等各个方面进行预测，并在这些预测的基础上，最终形成一套包括预计资产负债表、预计利润表及其附表等在内的预计财务报表，用来反映企业在未来期间的财务状况和经营成果。

(三) 预算编制的要点

在市场竞争环境下，企业需要预测市场需求，并据此确定生产规模，即采取以销定产的经营方式，以避免背离市场需求的生产导致库存积压。因此，在依据订单组织生产以及采取适时制生产的情景下，企业预算管理为生产和运营活动配置资源时，同样需要遵循以销定产的方式。

以制造业为例，企业经营预算的编制顺序通常是先编制销售预算，再按照以销定产的方式，依次编制产量预算、直接材料预算、直接人工预算、制造费用预算、销售及管理费用预算等，同时编制基于各项专门决策的资本支出预算。

企业的财务预算是在上述经营预算和资本支出预算的基础上，按照一般会计原则和方法编制的。结合财务决算以及财务呈报的时间周期，企业经营预算和财务预算的预算期间通常为一年，与企业的会计年度一致。资本支出预算期间通常为一年，但考虑资本活动的影响期间，预算期间也可以是多年。

二、企业营业预算的编制与执行

营业预算是针对企业日常营业活动，包括供应、生产和销售等各个部门。营业预算一般由销售预算、生产预算、直接材料采购预算、直接人工预算、制造费用预算、产品成本预算、销售及管理费用预算等内容组成。

第一，销售预算。销售预算主要包括三个部分：一是销售量的预算；二是单价预算；三是销售收入预算。此外，还要对先进收入进行预算，这样才能确保先进预算编制有依有据。

第二，生产预算。生产预算是企业编制的对生产数量进行预期计算的一种业务，它是基于销售预算进行的，并为材料采购预算和生产成本预算提供编制依据。生产预算包括销售量预算、生产量预算、期初和期末存货量预算等各项内容。生产预算主要是基于预算期各种产品的预计销售量和存货期初期末资料为依据进行编制的。生产预算是为了对预算期的产品生产量和期末结存产品数量进行确定，材料预算、人工预算以及制造费用预算等的编制都可以依据预期产品生产量来进行，而期末存货预算和预计资产负债表的编制则依据预期期末结存产品数量进行。

第三，直接材料采购预算。直接材料采购预算是在生产预算的基础上编制的，是用来反映预算期内直接材料的采购数量、采购成本及预计由此产生的现金支出额。直接材料采购预算编制的主要依据是产品的预计生产量、单位产品材料用量、预计期初与期末的库存量等。在实际工作中，直接材料采购预算一般附有预算期间的预计现金支出计算表，其中包括前期应付购料款的偿还以及本期材料款的支付。

第四，直接人工预算。直接人工预算的编制与直接材料预算的编制相同，也是在生产预算的基础上编制的，主要用来确定预算期内生产车间人工工时的消耗水平、人工成本水平及相关现金支出额。其主要内容有预计产量、单位产品工时、人工总工时、每小时人工成本和人工总成本。由于人工工资都需要使用现金支付，所以不需另外预计现金支出，可直接参加现金预算的汇总。

第五，制造费用预算。为了更好地对生产成本中除直接人工和直接材料之外的所有生产费用的预算进行反映，就需要进行制造费用预算。在进行制造费用预算之前，需要确定好固定费用和变动费用两个主要项目，然后再依次进行两项主要费用的编制。变动制造费用的编制主要是依据生产预算进行，固定制造费用的预算则不受本期产量的影响，而是固定需要支付的。为了给编制现金预算提供必要的资料，在制造费用预算中也需预计现金支出。制造费用都是以现金支付的，当然折旧费除外，因此，只要将每个季度的制造费用扣除折旧费，就可以计算出每期现金支付金额。

第六，产品成本预算。产品成本预算主要反映产品的单位成本和总成本的预计构成情况。它主要包括生产预算、直接材料预算、直接人工预算和制造费用预算四部分内容，它由产品的单位成本和总成本构成。

第七，销售及管理费用预算。销售费用预算是为销售预算的实现提供数据的。因此，它是基于销售预算而编制的，主要是为了对销售收入、销售利润和销售费用之间的关系进行反映，从而获取最高效的销售费用使用。管理费用是为管理业务的顺利展开提供服务的，一般较为固定，因此，通常是以过去实际开支并加入可预见的变化为依据进行编制的。对每一项费用都要进行充分的分析和考察，确保费用预算编制的准确性。

三、企业投资预算管理的编制与执行

(一) 投资预算的基本认识

投资预算是预算期内企业有关资本性投资活动的预算，涉及企业进行规划、评价、选择、决策、实施投资活动的全过程。

社会主义市场经济的发展和现代企业制度的完善，都推动了中国企业的自主经营和自我发展进程，从而使投资主体更加多元化。企业可以在法律法规运行的范围内进行投资金额、融资方式、资本投向及经营产品种类的自主确定，同时对自主经营的内容和投资行为承担责任。所以，自主的生产经营和投资决策方式也是企业为了自身的经济效益而不断完善的投资方式。

1. 投资预算的主要内容

投资预算是为资本性投资活动服务的，它具体反映企业在何时进行投资、投资多少、资金从何处取得、用什么方式取得、何时可获得收益、每年的现金净流量为多少、需要多少时间收回全部投资等。企业的资本性投资活动可分为内部投资和外部投资。内部投资是指企业用于固定资产的购置、扩建、改建、更新、改造等方面的投资和无形资产方面的投资；外部投资是指企业用于股权、收购、兼并、联营投资及债券等方面的投资。同时，企业要投资，就必然要融资，筹措项目资金自然是企业进行投资活动的重要内容。因此，投资预算的内容主要包括固定资产投资预算、无形资产投资预算、权益性资本投资预算、收购兼并预算、债券投资预算、投资收益预算和项目筹资预算等。

企业经批准发行股票、配股和增发股票，应当根据股票发行计划、配股计划和增发股票计划等资料单独编制预算。

2. 投资预算的明显特征

投资预算的特征源于投资活动与日常生产经营活动的不同特性。与经营预算相比，投资预算具有以下明显特征。

第一，对象具有针对性。投资预算的编制对象是企业某项或某几项一次性的资本性投资活动，随着某项或某几项投资活动的完成，针对某项或某几项的投资预算也随之结束。投资预算编制对象的一次性特征表明，投资预算的编制具有很强的针对性。要求编制投资预算要具备创新意识，要针对不同投资项目的具体情况和特点，编制出具有针对性的投资预算。

第二，方法具有多样性。投资预算的编制对象涉及面广、综合性强，不仅涉及基本建设、更新改造等技术性很强的业务活动，而且涉及收购、兼并、股票、债券等专业性突出的资本运作。投资活动突出的技术性和专业性特征，决定了投资预算编制方法的多样性。要求编制投资预算要学习、掌握各种投资活动的基本规律和内容，把握每项投资活动的要点，采取多种预算编制方法，编制出切合各个投资项目具体情况的投资预算。

第三，期间具有长期性。一项投资活动从调研、决策，到实施、完结，短则数月，长则数年，与企业的日常生产经营活动相比具有周期长的特点。因此，投资预算编制的期间与投资活动的周期保持一致，具有长期性，而且不受会计期间的制约和影响。编制期间长期性是投资预算与经营预算的本质区别，这源于二者编制对象的特性。经营预算的编制对象是企业的日常经营活动，它是以年度、季度、月度为期间进行规划安排的；投资预算的编制对象是企业的投资活动，它是以项目周期进行规划安排的。

第四，时间具有灵活性。由于企业的资本性投资活动具有周期性和长期性的特点，因此投资预算必须适应资本性投资活动的需要，在编制时间上配合投资项目的进度和节奏。也就是说，投资预算在编制时间上可以不受企业全面预算规定时间的约束，而是根据投资活动的实际需要随时编制。

在预算实务中，企业需要编制两种形式的投资预算：一种是与投资项目在经济内容上相同、在实施期间上一致、在编制时间上同步的投资预算，主要用于投资项目的规划、评估、论证、评审、决策和实施；另一种是与经营预算在编制时间上同步、在预算期间上一致的投资预算，主要用于预算期内企业资本性投资活动的具体安排和企业实施全面预算管理的需要。

第五，内容具有风险性。不论是对内的固定资产投资，还是对外的联营投资、股权投资，不仅需要投入大量资金，而且投资项目完成后会形成大量的沉没成本和长期资产。如果市场、技术、价格、成本等客观经济环境发生变化，都会给企业的投资活动带来巨大的风险。投资活动的风险性特征要求投资预算的编制必须建立在投资项目的可行性研究基础上，要符合成本效益原则和风险控制要求，严格控制投资风险。没进行可行性研究、没通过可行性研究评审的投资项目，一律不予编制投资预算。

第六，资金投放具有连续性。投资活动是一个不间断的实施过程。一个投资项目一旦开始建设，就必须不断投入资金和其他资源，以保证连续施工和均衡施工的需要。否则，不仅不能按预期形成新增固定资产，而且会造成已投入资金的占用呆滞，扩大投资成本，甚至造成整个投资项目的失败。因此，编制投资预算必须规划好资金的投放规模和时间进度，确保投资活动的连续性和不间断性。

第七，实施的结果具有不可逆性。投资预算一旦实施，其执行结果往往需要很长时间才能显现出来，具有很强的不可逆性。一旦投资失误，将会给企业造成较大损失。因此，编制投资预算事关重大，企业必须重视预算编制前的可行性研究，采用规范与科学的方法，使企业的投资决策成为集思广益、有科学依据、有制度保障的过程，从而提高投资预算编制的有效性，确保企业投资活动的万无一失。

（二）投资预算管理的理论透视

投资预算管理与投资预算是两个不同的概念，投资预算是对有关资本性投资活动的总体安排，属于计划的范畴。投资预算管理是指企业为了实现发展战略和战略规划，采用预算方法对资本性投资活动进行科学规划、测算、评价、论证、决策和描述，并以预算为标准，对投资项目的执行过程与结果进行计划、组织、控制、分析、报告、审计和考评等一系列管理活动的总称。

把握投资预算管理的内涵，需要从以下两个方面进行理解：第一，投资预算管理的实施目的是实现企业发展和战略规划，确保资本性投资活动的有效运行和规范运作；第二，投资预算管理是以预算为标准，对企业资本性投资活动进行事前、事中和事后全过程管理与控制的内部管理控制系统。

1. 投资预算管理的重要意义

投资预算管理是企业全面预算管理的重要组成部分。企业要生存，必然要发展，发展是企业永葆基业长青的关键因素。而企业要发展，就必须在搞好日常经营活动的同时，不断寻求新的投资机会，积极进行投资活动，使企业的经营活动充满后劲和活力。因此，搞好投资预算管理、组织好企业的投资活动，对于企业的生存和发展都具有十分重要的意义。

一方面，投资是企业获得利润的前提条件。企业是以营利为目的、从事商品生产经营和服务活动的经济组织，企业想要获得利润，就必须拥有一定数量的经营性资产，然后通过生产经营活动，以收抵支获得利润。因此，只有通过投资活动，才能使企业拥有经营性资产，为获得利润奠定基础。

另一方面，投资是企业维持简单再生产的必要手段。在科学技术及社会经济迅速发展的今天，企业要维持简单再生产，就需要不断更新、增加所需的人力、物力、财力；就必须对产品和生产工艺进行不断改进和提高。

因此，企业只有通过一系列的投资活动，才能维持企业简单再生产的顺利进行。

2. 投资预算管理的程序及内容

因为投资预算管理的对象是企业的资本性投资活动，所以只有先对企业资本性投资活动的内容和程序进行了解和掌握，才能促进企业对投资预算管理进行良好的研究和分析。因为企业资本性投资活动主要是针对固定资产投资，所以以下就以企业的固定资产投资为例来阐述投资预算管理。

固定资产投资项目主要由两类组成：一是基本建设项目，也就是我们常说的基建项目，它是固定资产投资项目的主要组成部分。基建项目是指依据一个总体设计在一个或者几个施工现场进行各种施工的单向工程总体。基建项目由新建项目、改建项目、扩建项目、恢复项目及迁建项目等五项组成，按不同的建设规模来分，又包括大型、中型和小型三类。二是设备更新和技术改造项目，又可以称为改造项目，是企业对设备和技术进行更新和改造的一类项目，是组成固定资产投资项目的一个重要内容。

基本建设不同于更新改造，它是一种外延扩大再生产的固定资产类型，而更新改造是对固定资产内涵进行扩大和再生产的。

（三）固定资产与基本建设投资预算的编制

1. 固定资产投资预算的内容

固定资产投资预算是预算期内企业为构建、改建、扩建、更新固定资产而进行资本投资的预算。固定资产投资按性质可分为基本建设投资和更新改造投资两大类，与此相对应，固定资产投资预算主要包括基本建设投资预算和更新改造投资预算。

（1）基本建设投资预算。基本建设投资预算是预算期内企业新建、扩建、改建和迁建项目投资的预算。基本建设是指企业以扩大生产能力为主要目的的新建、扩建、改建和迁建项目投资活动；新建项目是从无到有、平地起家的建设项目；扩建和改建项目是在企业原有设施的基础上，扩大产品生产能力或增加新产品生产能力，以及对原有设备和工程进行全面技术改造的项目；迁建项目是原有企业由于各种原因，搬迁到别地建设的项目。

（2）更新改造投资预算。更新改造投资预算是预算期内企业对现有固定资产进行更新和技术改造投资的预算。更新改造是指企业采用国内外先进的、适用的新技术、新设备、新工艺、新材料，对现有设施、生产工艺条件及辅助设施进行的设备更新和技术改造活动。

（3）基本建设投资与更新改造投资的联系和区别。基本建设投资与更新改造投资都属于固定资产投资活动，投资目的都是搞好企业的扩大再生产，壮大企业经济实力，提高经济效益。

基本建设投资与更新改造投资的主要区别有以下三点。

一是基本建设投资属于固定资产的外延扩大再生产，而更新改造投资则属于固定资产的内涵扩大再生产。

二是基本建设投资一般建设周期较长、投资规模较大，而更新改造投资一般建设周期较短，投资规模较小。

三是基本建设投资的决策依据主要是企业的长期发展战略和战略规划，而更新改造投资的决策依据主要是企业的经营目标和现有设施及生产工艺条件的实际情况。

2. 基本建设投资预算编制的内容

基本建设投资预算的编制内容包括从投资项目前期准备开始，到投资项目全部建成投产为止所发生的全部建设费用预算，以及生产运行期所需的流动资金预算和针对该投资项目的筹资预算。

(四) 其他投资预算的编制

1. 权益性资本投资预算的编制

权益性资本投资是企业以获得其他企业的股权及收益分配权为投资目的，以现金、实物资产、无形资产等方式向企业外部主体进行的投资活动。通过权益性资本投资活动，企业投出的资金形成被投资企业的资本金，企业拥有了被投资企业的所有权，按投资比例享有权益和承担风险。购买上市公司的普通股、兼并或收购某家企业等活动都属于企业权益性资本投资的范畴。权益性资本投资具有高收益、高风险的特点，特别是在购买上市公司股票的整个投资过程中，都蕴含着很高的风险因素。因此，企业在进行权益性资本投资时，必须严格按投资程序运作，有效控制投资风险，提高投资收益。

权益性资本投资预算是预算期内企业进行权益性资本投资活动的总体安排，由资本投资部门负责编制，财务部门予以协助。

2. 投资总预算的编制

为了确保投资项目的资金保障，企业需要编制投资总预算，对一定时期内的投资项目进行综合平衡和动态分析。投资总预算的预算期间不受会计期间限制，可以是一年，也可以是二年、三年、五年。投资总预算的编制方法如下。

首先，测算预算期内资本性投资总额，即对各项投资预算进行汇总，确认预算期内所有资本性投资总额。

其次，测算预算期内资本性投资活动的资金来源。为了保障日常生产经营活动的顺利进行，防止出现资本性投资活动与生产经营活动争资金状况的发生，企业需要对预算期内可以用于投资活动的资金来源进行测算、核实。其主要包括预算期内新增折旧资金、所有者权益净增额、长期借款、长期债券等。

最后，在各项资本性投资活动有资金来源保障的基础上，编制投资总预算。

3. 投资现金预算的编制

为了满足企业编制现金预算的需要，企业需要在编制各项投资预算的基础上汇总编制投资现金预算。

投资现金预算主要是确定投资活动在预算年度内的现金收支情况。因为现实中的投资业务发生与现金支出并不同步，所以企业必须根据投资项目的实际需要和企业总体现金收支状况，编制预算年度内投资项目的现金预算。

编制方法是先由各投资单位申报，然后由财务部门负责修订平衡。

第四章　现代企业财务风险管理与防范

风险管理是在一个有风险的环境里如何把风险降至最低的管理过程，企业财务风险管理对企业的发展有十分重要的作用。本章围绕财务风险管理的一般知识、财务风险管理的原则及要求、企业投融资风险管理与应对、企业财务预警机制的构建展开研究。

第一节　财务风险管理的一般知识

一、财务风险的相关理论

(一) 系统论、控制论与信息论

1. 系统论、控制论与信息论概述

系统论、控制论与信息论（System Theory，Control Theory and Information Theory，简称 SCI 三论）是现代科学前沿的三门“软”科学，它们各有不同的出发点和内容，但它们是在同一历史背景下，从不同侧面研究同一个问题而产生的，其手段也有很多共同之处。SCI 三论从横向综合的角度，研究物质运动的规律，从而揭示世界各种互不相同的事物在某些方面的内在联系和本质特性，三者各成体系，但都应用系统、控制、信息的基本概念、基本思想，互相交叉、互相借鉴，协同发展。

(1) 系统论。系统论的基本出发点，是把研究对象作为一个有机整体来加以考察，以寻求解决整体与部分之间相互关系的模式、原则和方法。其基本观点有三个：一是系统观点，认为系统整体功能大于部分功能之和。从一个系统中分解出来的部分，同在整体中发挥功能的部分是不同的。二是动态观点，认为事物不是一成不变的，系统是动态变化的。三是层次观点，系统

论认为各种有机体都按严格的等级组织起来，具有层次结构。处于不同层次的系统，具有不同的功能。系统的特性分为三个方面：一是整体性。系统整体不等于系统内各部分的简单相加。二是相关性。内部相关性，是指系统内各要素之间是相互联系、相互制约、相互依赖的；外部相关性，是指系统内部与外部环境是相互联系、相互制约、相互影响的。三是结构性。这是指系统联系是以结构形式表现的，系统的整体功能是由结构决定的，不同的结构有不同的功能。

（2）控制论。对一个过程或者事件进行运作，从而使其达到给定的条件和预计的目标的过程称为控制。一般来说，可以从以下四个方面进行控制：一是反馈控制，这是控制方法中最核心和最主要的一种方法，即通过反馈来比较被控量和目标值，并对结果进行输入值的修正，从而确保两者值能够达到一致性。二是信息方法，即通过信息来对系统功能进行研究和分析，为了达到目的控制的需求而通过获取、传递、加工和处理信息来完成。它和信息论方法的关系是相互交叉、相互作用的。三是黑箱方法，即进行系统研究时对黑箱的分析主要是通过信息的输入、外部观测、试验以及输出等方式来实现的，它是通过对其机理和构造进行探索的一种方式。四是功能模拟方法，它是基于系统功能和行为相似关系为依据进行的，通过模型来对原型的功能和行为进行模仿。它主要是针对系统的功能和模拟外界影响方式进行研究的，对系统内部的机制和个别要素没有做强制要求，也不需要模型和原型具有一样的结构和机理。

（3）信息论。表意性是信息最本质的体现，对信息的事物属性予以了关注，其关系是相互联系和相互作用的。研究系统时要先确定独享和信息之间的对应关系，而不能单纯地依据物质和能量的具体形态来实现，在进行传输、交换和反馈研究对象抽象信息时，要从中能够掌握和认识其运动的规律。信息方法具有以下四个特征：一是信息方法是基于整体来处理信息的，在系统研究过程中采用的是转化、联系的观点。二是可以定性和定量地分析其抽象出来的信息过程。三是在相应信息模型的建设过程中可以利用到各种分析材料和综合手段。四是对信息过程的认识可以通过信息模型进行，并能够对其内在规律进行把握和探索。

2. 系统论、控制论与信息论的运用

实践运用过程中要对三论之间的相互作用机制进行正确的理解和把握。系统论认为，研究和处理的对象之间具有相互联系和相互作用的关系，研究系统认为要对信息进行最优利用从而获得更好的系统途径。不管是什么系统，都和信息的关系是不可分割的。一个系统的组织化和复杂化程度主要取决于系统信息量的大小。只有做好控制工作才能确保系统的正确运行，这也需要信息作为支撑。信息论的作用主要是对信息认识研究，控制论和系统论的目的则是对利用信息进行研究。控制论主要是对事物联系的反馈原理进行揭示，这样才能让系统控制得以实现。

(二) 博弈理论

1. 博弈论概述

现代博弈论主要是针对理性的局中人和机智的局中人之间的关系和冲突所进行的一门学科。它对经济学的作用主要体现在如何选择局限条件下各个市场主体之间各种行为和各种策略的博弈方法，并对利用对立之间的行为选择和策略问题是如何运作，产生怎样的影响和作用等进行明确。博弈过程中至少需要具备三个基本的元素：一是局中人。博弈论中将所有的局中人都假设成为具有机智性和理智性。二是行动空间。局中人要对自己和他人之间的战略选择范围和战略可能的因果关系进行明确。三是支付函数。局中人在博弈过程中可以对效用水平进行获取，它是所有局中人的策略和行动的依据。合作博弈和非合作博弈是博弈论中的两个研究问题，合作博弈是指局中人进行相互作用的行为时能够达成一个具有约束作用的协议的博弈，若是不能产生这一协议，则认为是非合作博弈。

2. 博弈论的运用

(1) 零和博弈。此消彼长，形成机制。零和博弈是博弈论研究的核心，在现实的市场经济中这种博弈形式是常见现象。零和博弈多为二人零和博弈，它是一种最简单、最基本的博弈。在这种博弈中，不存在任何类型的合作或联合行动：一个局中人认为某一结局比另一结局好，则另一局中人的偏好必然是相反的。

(2) 重复博弈。以其人之道还治其人之身。该规则有利于局中人的操作，还能清晰地标明合作之间的后果。该博弈的开始通常都是比较友好、具有合作性的，之后会根据对手在前一阶段的行为来进行对策的选择，也就是我们常说的先礼后兵。除此以外，该博弈还具有奖罚分明性，也就是说，要求局中人只要一方能够遵守协议，就能让双方都获利，但是若是一方不能遵从协议，就会被处以严厉的惩罚。不过这种惩罚并非目的，因此具有一定的宽恕性，而且其目的也是促进双方的合作，只要双方能够及时改正，遵从协议，之前的惩罚就会取消，这也有利于双方合作关系的建立。不过，要确保合作关系持续稳定的进行，不能仅仅依靠简单重复的博弈来完成。受经济环境不确定性因素的影响，局中人的策略并非都体现在外显的价格参数。换句话说，判断出谁存在违约行为，采取什么样的方式进行惩罚是一件比较有难度的事情。

受信息不对称性的影响，会对市场的正常秩序造成破坏。而且在对不完全信息条件下的均衡信息采用博弈论方法进行研究时，为了对不完全信息造成的市场机制影响进行抑制，需要选择合理的方式来制约，即知情方会采取某种行动，这会被视为一种信号，将可信信息传递给对方的一种方法。

二、企业财务风险的成因

企业财务风险产生的原因很多，既有企业外部的原因，也有企业自身的内部原因，而且不同的财务风险形成的原因也不尽相同。具体可分为以下两点。

（一）外部原因

第一，企业财务管理的宏观环境具有一定的复杂性，这也是企业财务风险增加的一个重要因素。因企业财务管理的环境变化，很多企业的管理方式不能很好地解决遇到的风险，且针对这些变化情况没有进行相应的分析改革。财务管理的宏观环境包含了很多方面，如市场经济环境与社会文化环境，还有对应的国家法律变化以及对应资源减少等。这些宏观环境变化并不是企业可以控制的，很容易对财务管理产生冲击，单一的环境变化都可能引起企业财务危机，例如，国家法律以及财务制度变更等。

第二，市场经济下供求关系的变动以及经济活动的时差。对于企业来说市场是随时变动的，在供求关系发生变动的时候，企业不能及时调整企业结构，不能适应市场变化，后期发展目标发生偏移，财务风险增大。所以说，时差和市场供求的随机变化也是导致企业财务风险产生的原因。

第三，企业资本结构不对等。对于企业来说在前期筹资过程中易采取债务融资形式来减少企业的资本成本，导致企业的债务资本占比非常高，当出现资金短缺时，其所欠债务无能力偿还，财务风险也随之增大。我国很多企业均有此种现象。对于企业来说，要想扩大企业的规模，扩大板块，必然会出现资金短缺的情形，而此时企业的首要选择便是银行贷款，这就进一步增加了企业的债务资本。

第四，外汇汇率以及贷款利率的变动也会影响企业的财务状况。如果企业的合同利率是不变的，企业要想选用负债形式筹集资金，那么当市场利率降低时，其利息就会相应地增加；当然也有合同利率变动的情况，合同利率如果减少，利息减少，相反，如果合同利率增加，相应的利息也会增加。总体来说，选用负债的形式来筹集资金，或多或少都会增加企业的财务风险。另外，企业可以采用外币进行融资，此时影响财务风险的则是外汇汇率，尤其对于很多进出口的企业，外汇汇率的变动将直接影响企业的财务状况。

（二）内部原因

第一，管理制度不完善。对于企业来说要想长期发展必须有一套完善的管理制度。科学的财务管理可以有效减少企业的财务风险。可以采用定期规范资金，合理分配的方式，对于企业来说发展的目标便是让企业产生最大的利润。但是现在我国很多企业的财务制度并没有单独设立，而是与企业的内部控制制度相关联的，在进行财务风险控制与资金监督的时候不能有效规划与实施。当然对于企业内部控制制度来说，这种融合的形式在实施的时候其效果也会大打折扣，侧面增加了企业的财务风险。

第二，财务决策不具有科学性。对于企业来说在进行财务决策时大多数主观观点占主导，没有分析市场，经验相对缺少。比如说，对于固定资产投资的相关财务决策，大多时候只分析项目的可实施性，其他方面的资金控制以及各影响环境等均未有太多考虑，致使固定资产采而不用，项目预期目标延迟，财务风险增大。

第三，企业内的财务关系复杂。对于企业来说复杂的财务关系会影响各方面运行效率，企业的资金使用情况以及后期资金筹集情况等在企业内部不能很好地划分，企业各级层对于财务风险没有明确的认识，管理不当，导致企业的资金流受限，安全性降低。比如，对上市公司来说，各子母公司、集团等财务关系不明，在资金的使用方面没有明确的管理制度与合理控制措施，导致整个企业财务风险升高。

第四，企业的资产多为固定资产，资产流动性较低。对于企业来说企业能否偿还债务以及偿债能力强弱都受现金流的影响，资金流动性强则偿债能力增强。另外便是企业的可变现净值，变现能力强则资产流动性强，进而增强企业的偿债能力。简言之，资产流动性越弱则偿债能力越弱，反之偿债能力越强；还有便是企业的营运资金，偿债后的营运资金多少也决定着财务风险的强弱，整体经营良好并不代表营运资金与现金流足够，资产需要有非常强的变现能力，方可降低企业的财务风险。

第五，企业缺乏高素质的财务管理人才，对企业的财务风险不能合理恰当地预估。从本质上说，企业建立与运营必然有着对应的财务风险产生。对于我国企业来说财务风险之所以居高不下，很重要的原因便是财务管理人员的素质较低，财务知识也相对较弱，跟不上国家宏观财务调控，财务出现对应的风险第一时间不能有效做出决策规避。

三、财务风险的类型划分

(一) 按风险影响的范围分类

按风险影响范围的大小分类，可将风险分为基本风险和特定风险。

1. 基本风险

基本风险是指损害波及整个经济或大多数人群的风险。基本风险的起因不与特定的人有关，至少是个人所不能阻止的。显然，基本风险的影响范围广，后果严重。例如，与自然灾害有关的风险，以及与社会或政治有关的风险，如战争、高通胀率等，都属于基本风险。

2. 特定风险

特定风险是指与特定的人有因果关系的风险，即由特定的人所引起的，而且损失仅涉及个人的风险。特定风险的影响范围小，虽然就个体而言，其损失有时也相当大，但相对于整体经济而言，不具有普遍性。例如，盗窃、火灾等，都属于特定风险。

基本风险与特定风险的界定有时需要从具体的出发点来考虑。在某些情况下，特定风险与基本风险很难严格加以区分。对某些风险来说，其影响范围会因时代背景和人们观念的改变而有所不同。例如失业，过去被认为是特定风险，现在则被认为是基本风险。

（二）按风险损害的对象分类

按风险损害的对象分类，可将风险分为财产风险、人身风险、责任风险和信用风险。

1. 财产风险

财产风险是指导致财产发生毁损、灭失和贬值的风险。例如，房屋有遭受火灾、地震的风险，机动车有发生车祸的风险，原材料、存货和机器设备等财产也有贬值的风险。

2. 人身风险

人身风险是指因生、老、病、死、残等原因而导致经济损失的风险。例如，因为年老而丧失劳动能力或由于疾病、伤残、死亡、失业等导致个人、家庭经济收入减少，造成经济困难。

3. 责任风险

责任风险是指因侵权或违约，依法对他人遭受的人身伤亡或财产损失应负赔偿责任的风险。例如，汽车撞伤行人，如果属于驾驶员的过失，则其需按照法律规定对受害人或其家属给付赔偿金。

4. 信用风险

信用风险是指在经济交往中，权利人与义务人之间，由于一方违约或犯罪而造成对方经济损失的风险。信用风险一种典型的表现形式是企业的客户到期不付货款或者到期没有能力付款，这种情况对于公司经营十分不利。管理信用风险将直接关系到企业信用风险战略的选择、职能部门的设立、客户资信的分类管理及应收账款的管理等很多方面。

（三）按风险是否可分散分类

按风险是否可分散分类，可将风险分为系统风险和非系统风险。

1. 系统风险

系统风险，又称市场风险或不可分散风险，是指由于政治、社会环境等企业外部因素的不确定性而产生的风险。系统风险存在于整个市场中，对所有企业都会带来影响。例如，国家宏观经济政策的变化、有关法律的修订、通货膨胀的发生等，都会导致系统风险的发生。虽然系统风险对所有企业都有影响，但不同企业受影响的程度却不尽相同。比如，产品价格较高的耐用消费品生产厂家就易受经济变动的影响，当整个经济不景气时，消费者首先削减掉的就是昂贵的耐用消费品购买计划，这进而会影响到厂家的生产和利润，使这些企业的收益发生变动；而粮食、副食品等基本消费品生产加工经营企业，无论经济是否景气，其收益均较为稳定，受系统风险的影响较小。

2. 非系统风险

非系统风险，又称企业特有风险或可分散风险，是指由于企业内部因素所引起的只发生在个别企业内的风险。产生非系统风险的原因主要是一些直接影响企业经营的因素，如上市公司管理能力的降低、产品产量或质量的下滑、市场份额的减少、技术装备和工艺水平的老化、原材料价格的提高，以及个别企业发生的不可预测的天灾人祸等。

除以上分类外，还可从其他不同角度对风险进行分类。比如，按风险形成的原因，可分为主观风险和客观风险；按风险发生的范围，可分为局部风险和全局风险；按风险可控的程度，可分为可控风险和不可控风险；按风险存在的方式，可分为潜在风险、延缓风险和突发风险等。

第二节　财务风险管理的原则及要求

一、财务风险管理的基本原则

第一，与战略目标相融合。在企业战略管理中，财务风险管理是一项重要的工作，可以在战略规划过程中就考虑规划财务风险管理以实现战略目标。与战略目标相融合的原则是风险管理的一项基本原则，风险管理的过程就是追求与战略目标相融合的过程。

第二，适度承担风险。财务风险管理过程是一个不断地追求适度承担风险的过程。通常适度承担风险，是指通过承担最小风险实现既定的财务目标进而实现战略目标。在同等收益的情况下，对每一项投资均要考虑怎样预算和控制方可达到最小的风险投入并获取预期收益目标。如果企业没有风险管理的能力，却去投资风险较大的项目，则一旦风险损失的事件出现，企业必定会出现财务危机或破产。反之，没有适度承担风险的胆略，就会失去许多机会。所以，企业适度承担风险的胆量与风险管理能力和盈利（收益）能力应当相适应。

第三，风险与收益匹配。风险防范应努力实现风险与收益的匹配，这是财务管理的基本原则。在风险防范中必须考虑企业所承担的各种风险并对各种不同的风险实施不同的风险防范，以追求财务目标的实现。贯彻财务管理的风险与收益匹配原则的关键是防止冒过大风险，因为冒过大风险会造成企业财务危机。然而，企业不敢冒风险则会造成企业失去很多的投资机会，从而导致企业没有发展生机。所以，这个原则的实施需要与投资决策和融资决策融合考虑。

企业依据这些原则进行项目管理，应制定包括从减少损失的角度考虑的控制目标，以及从增加收益的角度考虑的保值目标等，从而以最低的成本实现最大的安全保障。

二、企业财务风险管理的内容要求

企业财务风险管理的内容要求有以下四个方面。

第一，突出“开源”与“节流”双管齐下。财务风险管理的“开源”内容体系表现为挖掘企业价值创造、可持续增长率等，从现代风险管理学视角来看，企业自身的做强、做大、做好，是抵御财务风险的重要理念与方式；财务风险管理的“节流”内容体系表现为财务风险控制的方法与手段的应用。

第二，突出“自律”与“他律”双重管理。财务风险管理的“自律”内容要求，就是健全财务人员的自我约束机制。会计人员应当遵守职业道德，提高业务素质。遵守职业道德包括六项具体内容，诸如爱岗敬业、熟悉法规、依法办事、客观公正、搞好服务、保守秘密。财务风险管理的“他律”内容要求，就是企业在开展财务管理工作时，应严格遵循与执行中国现行内部控制规范，加强内部控制、风险管理与公司治理等方面的法制建设，对财务违法行为决不姑息，坚决杜绝由于贪污、舞弊等人为因素可能导致企业财务状况恶化的风险漏洞。

第三，突出“事前”“事中”与“事后”全过程管理。财务风险管理应充分总结国内外学术研究成果，全面吸收我国公司财务方面的实践经验，从而以财务管理活动的整个过程为主线，建立企业融资活动、投资活动、营运活动的风险管理系统。财务风险管理中的“事前”管理，是指前馈管理体系，应包括全面预算管理、内部控制法规与制度体系设计、价值创造与管理等内容。财务风险管理中的“事中”管理，是指反馈管理体系，既包括融资活动、投资活动、营运活动的风险控制系统，也包括财务报表分析等内容。财务风险管理中的“事后”管理，是指反馈管理体系，应包括财务报表分析、内部控制法规与制度的执行效率评估等内容。

第四，突出“战略”与“战术”管理不同层面。财务风险的“战略”管理，是指根据国家经济政策导向，运用生命周期理论，针对企业经营风险与财务风险的状况，从风险控制层面规划企业 3 ~ 5 年全范围、全过程的财务战略。财务风险的“战术”管理，就是企业日常财务风险管理的内容体系，具体包含风险与报酬分析、财务报表的风险问题分析、价值创造管理、内部控制、融资风险管理、投资风险管理、营运风险管理等。

第三节　企业投融资风险管理与应对

一、企业投资风险的来源与管理

（一）企业投资风险的来源

投资风险是指对未来投资收益的不确定性，在投资中可能会遭受收益损失，甚至本金损失的风险，它也是一种经营风险。例如，企业在项目投资中，可能面临由于决策错误而导致严重亏损、资不抵债的后果。又如，企业在证券投资中，可能面临债券不能按时收回本息、股票被套等问题。引发投资风险的主要原因有以下四个方面。

第一，投资决策机制不健全，责任不明，造成投资决策的随意性、主观性、盲目性和独断性。

第二，企业为了能够争取到项目的立项，故意把可行性研究报告做成“可批性报告”，有些项目审批部门从地方利益出发，没有从严把关，从而造成重复建设、盲目建设，使项目建成投产后没有市场，企业处于亏损状态。

第三，缺乏风险意识，盲目追求“热门”产业。一些企业在某些行业处于最“热门”的时候才决定进入，结果投资后行业转向低迷，企业深陷其中，进退两难。

第四，对项目仅侧重于技术可行性的研究，对经济可行性的论证不够重视，对投资成本及项目建成后的成本费用和效益测算不准确，从而根据过于乐观的经济估算做出错误的决策。

（二）企业投资风险管理的意义

投资决策对于公司的生存与发展是至关重要的，一个重大投资项目的失败往往就是公司由兴旺转向衰败的转折点，一项资产投资所产生收益必须要超过金融市场能够提供的直接收益，投资者才会选择投资，否则，投资者不如直接投资于金融市场。投资项目的报酬率超过资本成本时，企业的价值将增加，反之亦然。当投资项目的风险与公司现有资产的平均系统风险不同时，则需要衡量项目本身的风险。所以，确定项目的资本成本，可作为比较与评价决策备选方案的标准。因此，在市场经济条件下，企业应该非常注重投资决策的效果。

改革开放以来，一方面，在市场经济条件下，我国参与国际竞争，投资业务发展迅猛，取得了一定的成绩；另一方面，由于投资具有高投入性、不可逆转性、经营的长期性、环境的多变性以及条件特殊性等特点，投资管理在实际运作过程中会面临着一系列未知的风险。当前，为适应市场经济发展的需要，我们应当加强全过程的投资风险管理，有效地防范和规避投资风险，以实现预期的投资价值与投资效益。

总之，随着中国经济与世界经济的日益紧密结合，投资也越来越显著地发挥出对中国经济增长的贡献作用。我国企业应借鉴发达国家企业财务管理的先进经验，不断完善、加强投资风险管理的体制建设，尽量降低投资风险，促进我国经济的快速发展。

二、企业融资风险管理

企业融资是指企业从自身生产经营现状及资金运用情况出发，通过各种途径和方式筹措企业生存和发展所必需的资金活动。融资是使企业及其内部各个环节之间资金供求由不平衡到平衡的运动过程。企业的资金来源主要包括内源融资和外源融资两个渠道，其中内源融资主要是指企业的自有资金或在生产经营过程中产生的资金，由公司的留存收益及在经营活动中提取的折旧构成。内源融资对企业的资本形成具有原始性、自主性、低成本和抗风险的特点，是企业生存与发展不可或缺的重要组成部分。事实上，在发达的市场经济国家，内源融资是企业首选的融资方式，也是资金的重要来源。同时，在经济日益市场化、全球化和证券化的过程中，外源融资逐步成为获取资金的主要方式，外源融资即企业外部资金的来源部分，是企业将其他经济主体的资本转化为自己的投资的过程。外源融资主要包括银行贷款、发行股票、企业债券等方式。

企业融资风险是指筹资活动中由于不确定因素的存在而使企业不能达到预期融资目标，从而给企业带来损失的风险。融资风险要受经营风险和财务风险的双重影响。经营风险指企业因经营上的原因而导致的未来利润的不确定，它是影响企业最佳资本结构的重要因素。财务风险指全部资金中债务资本比率的变化带来的风险。当债务资本比率较高时，投资者将负担较多的债务成本、经受较多的财务杠杆作用所引起的收益变动的冲击，从而加大财务风险；反之，财务风险就小。一般而言，企业融资风险有以下六种。

第一，信用风险。信用风险是指交易对手未能履行约定契约中的义务而造成经济损失的风险。其主要包括两个方面：一是资金供应者不能按照约定向企业提供资金，二是由于企业经营状况不佳而造成企业不能按约定还本付息，使企业信用下降的风险。

第二，市场风险。市场风险是指因股市价格、利率、汇率变动以及通货膨胀等因素而导致价值下降等潜在损失的风险。市场风险使企业融资成本增加，效益下降。一个项目从始至终都面临着市场风险。投资方在进行项目筹划时就要做好相应的市场预测和市场调研准备工作，防止盲目地进行项目投资。在项目进入建设和经营阶段以后，应该进行长期原材料供应协议和商品销售协议的签订。同时还可以积极引进其他项目投资者，从而将项目市场风险予以分散。

第三，金融风险。金融风险是指金融资产在未来可能会产生的损失。一般都是采用传统金融工具或新型的金融衍生工具进行金融风险的管控。传统的金融风险管理主要以预测的风险为基础进行资金结构的确定。远期合同、掉期交易及交叉货币互换等都属于新型的金融衍生工具。

第四，道德风险。道德风险是指由于信息的不对称性和契约的不完备性，从事经济活动的人为追求自身效用最大化而做出不利于他人的行动。道德风险具有潜在性、长期性和破坏性等特点，企业需要建立适当的监督机制与激励机制来降低道德风险。

第五，政治风险。政治风险主要是由国际局势和经济政策变动导致的。企业在进行项目投资之前，应该对宏观经济产生影响的政治、税收及金融政策等进行了解和分析，并预测未来的发展趋势，有效地对政治风险予以规避，或者是进行政治风险的投保，从而将政治风险予以转移和分散。

第六，环境保护风险。环境保护风险往往是企业为了适应环保规则要求而新增的资产投入或导致项目停产的一种风险。项目投资者对于投资项目所在地的投资环境和环境保护要求要有所了解，进行项目可行性研究的过程中要对环境保护风险予以分析，并对未来可能产生的环境保护风险进行预测，从而确保投资项目能够顺利进行。对企业融资风险进行准确的分析能够提升企业的风险意识，及时实施风险防范措施，避免不正确的决策导致企业经济损失。

资本结构是企业筹资决策的核心问题。企业原来的资本结构不合理的，应通过筹资活动，尽量使其趋于合理。企业财务管理的总目标是企业价值的最大化。企业在筹资时，需要确定最佳资本结构。所谓最佳资本结构，应当是使企业价值最大化的资本结构，而不能仅以每股盈余的最大化为标准。只有在风险不变的情况下，每股盈余的增长才能带来股价的上升。所以，最佳资本结构应是可使企业价值最大化而非仅每股盈余最大化的资本结构。同时，在这样的资本结构下，企业的综合资金成本也是最低的。

三、风险条件下的项目投资决策

由于涉及的时间长以及不确定因素多，投资风险是客观存在的，因此在进行项目投资评价时应该考虑风险。常见的风险投资决策方法是风险调整贴现率法。

风险调整贴现率法是根据投资项目的风险高低来调整贴现率，构成按风险调整的贴现率，据此计算投资项目的净现值并进行投资评价的风险决策方法。这种方法的基本思路是对于高风险的项目，采用较高的贴现率计算净现值，然后根据净现值法的规则来选择方案，其实质就是调整净现值公式的分母，项目的风险越大，贴现率就越高，项目收益的现值就越小。问题的关键是如何根据风险的大小来确定包括风险的贴现率即风险调整贴现率。按风险调整折现率可以根据项目类别调整贴现率。

不同的项目其风险大小通常不同，企业可根据以往的经验将经常发生的某些类型的风险项目，预先根据项目风险的大小及投资者对风险的态度规定高低不等的贴现率，以便项目投资决策时采用。从某种意义上说，这种方法主要是根据投资者的主观意愿来决定风险调整贴现率。

第四节　企业财务预警机制的构建

市场竞争日益加剧，导致企业风险也在不断增加，企业预测风险的难度加大，同时受外部市场体制和信用体系不完善的影响，企业财务风险也越来越大，从而导致很多企业由于盲目扩张、资金链断裂和负债比率过高等原因而不得不宣布破产。所以，有必要增强企业的财务风险防范意识，加强企业的财务风险预警机制的建立和完善，确保企业的可持续发展。

一、我国企业财务预警机制构建的现状分析

合理有效的企业财务预警机制要建立在以对国内企业财务预警工作现

状有清晰认识的基础上。目前，我国企业财务预警机制构建的现状主要有以下表现。

其一，管理者缺乏必要的危机意识，现状企业管理者危机意识不足是国内企业普遍存在的一种现象，企业管理者往往过于重视短期和片面的经济效益的提升，从而忽视了准确及时地判断企业财务状况的能力，没有及时防控财务可能产生的危机，从而没有完全发挥出财务预警工作的应有价值。

其二，国内企业还不能完全熟练地运用财务预警模型，通常是对国内研究成果和统计数据进行生搬硬套，从而没有从实际考虑企业所面临的实际情况，因此其预警模型也并未产生应有的作用和价值，国内企业没有完全的法人治理结构，生产规模不大，会计准则和国际接轨程度有限等问题，在国内企业中也是大量存在的，这也是为什么不能照搬国外研究成果的一个主要原因。

其三，企业不具备具有相关财务预警模型技术和知识的人才，从而不能及时地维护和更新财务预警系统，而且往往都是由财务来进行预警工作，缺乏其他业务信息数据的支持，应对企业的现实状况反映不是非常完善，从而使得财务预警模型没有较好的时效性和准确度。

其四，未能从实际情况和需要出发，对财务指标的设定不具备实用性，也没有正确使用非财务指标和定性分析方法。

二、企业财务预警机制的构建措施

国内企业财务的运营情况不佳和危机重重等问题也愈演愈烈。这有必要对企业各个阶段的症状进行分析，对各种存在的危机和病因进行发现，积极地进行防范，促进财务工作的正常开展。

(一) 企业资金运用活动预警

第一，企业营销活动财务预警。企业营销活动主要包括以下环节：一是销售计划管理；二是销售合同管理；三是货款回收管理；四是消费者投诉管理；五是销售费用管理；六是销售税金管理。可以具体分析以上六个环节，对各个流程的关键性因素予以掌握，并根据需要制定各项预警指标。应该把握各个数值变化和预警程度之间的关系，并制定相应的对策予以处理。

第二，企业生产活动财务预警。基于财务预警的角度来说，生产环节的预警因素非常有限。为此企业只需要进行两级财务预警体系的构建即可：一是车间，二是总厂，预警体系只要对主要原材料消耗差异率、单位变动制造费用差异率、生产责任事故损失额以及单位人工差异率等指标进行制定即可。

第三，企业采购供应活动财务预警。企业采购供应业务流程中主要包括采购计划的制订、合同的签订、出入库的保管、付款和盘点等各个重要环节。企业在制定相应的预警机制时，需要从企业的实际情况和易出错的环节进行把握，提出具有实用性的预警对策和制度等。采购计划变化率、供货时间差异、应付款周转率、主要原材料库存量、付款逾期率等都是较为重要的采购供应活动预警指标。

第四，工程项目与固定资产财务预警。项目论证、资金供应保障、资产合理使用和更新等是工程项目和固定资产财务预警的主要内容。资金到位率、固定资产闲置率、固定资产周转率、固定资产与长期资金比率等都是较为重要的预警指标。

第五，企业基础管理活动财务预警。这主要是针对管理费用，需要对发生的管理费用进行各项分析，对比行业中的相关资料来发现各种异常费用项目，并将其列入预警重要指标，并制定相应的对策来严格控制各种异常预算。

（二）企业筹资活动预警

短期借款预警、票据融资预警、商业信用预警、中长期借款以及权益融资预警等都属于筹资活动预警，财务费用增长率、付款逾期率、利息支付率、留存收益增长率以及筹资增长率等都是较为重要的筹资预警指标。

（三）企业对外投资活动预警

项目论证、项目管理和处理及投资款拨付等都是重要的企业对外投资重要环节。对财务预警指标要分别适用于对外投资的不同阶段，主要由证券投资跌价损失率、投资收益率、变化率、经济增加值等指标组成。

（四）货币资金管理和报表分析预警

计划变化率和合理保险储备量是主要的货币资金管理预警指标，对以上两项指标进行合理选择，并全程跟踪和分析资金运行结果，如此才能有效地确保资金运行的安全性。

国内外已经具备非常成熟的财务报表分析体系，可以较为准确全面地分析企业的运营能力、偿债能力、发展能力和盈利能力等，同时还能较为客观地评价企业的安全率和Z值积计分。企业的或有事项是财务预警体系需要重点关注的，主要有无原则对外担保和被第三方追索等事项。

（五）财务组织预警

想要促进财务预警体系的良好运行，就要对财务组织系统予以完善。财务组织预警机制需要对管理功能完备率、规章制度合理率、管理行为差错率及管理制度完备率进行设置，提供相应的预警对策，从而完善财务组织管理预警体系。

第五章　现代企业财务管理的数字化发展

数字化背景下的财务管理工作，更加注重将数字化技术与财务管理相互结合，实现财务管理工作中的信息技术应用，打造新型的财务管理体系，注重将网络优势资源应用于财务管理，实现财务管理效率的提升。本章以数字化时代的到来为切入，分析企业财务管理数字化转型的必然性，探讨企业财务管理数字化转型的推进、数字化时代企业财务管理的保障。

第一节　数字化时代的到来

一、数字经济的内涵及发展

（一）数字经济的内涵

20 世纪末期“数字经济”诞生，塔普斯科特（Don Tapscott）率先进行定义，并发表于《数字经济的浮现》一书中，该书对数字经济展开系统性论述，其观点受到当时学界的普遍认可，其权威性和重要性不言而喻。1997 年，日本学者认为“数字经济”也可视为“电子经济”“知识经济”，或者称为“网络经济”。美国商务部在 1999 年表示数字经济与电子商务密切相关，二者共同构成信息技术产业核心要素。

互联网技术快速发展催生出数字经济模式。1969 年，美国几所重要大学将本校计算机连接在一起，由此诞生出计算机网络，即阿帕网（ARPA）。20 世纪 80 年代，美国借助 TCP 在本国内建立计算机网络。在技术的推动下，世界计算机互联快速发展，各国之间的信息交互性不断强化，互联网正式进入大众生活，互联网由此衍生而来。20 世纪 90 年代，互联网进入商业领域，凭借网络便捷性特点，二者的融合程度持续加深，这也为互联网发展创造了更多机会，互联网经济逐渐完善。部分企业以其敏锐的商业嗅觉感知未来互联网的发展潜力，率先抢占互联网市场，投入大量资金，这些迎合时代发展趋势的企业凭借互联网获得了巨大成功，积累了雄厚的资本。

2001年互联网经济受挫，部分企业陷入危机，企业资产迅速缩减，但通过改革和调整，互联网又重新发挥重要作用，进入迅速发展阶段。当前众所周知的互联网巨头正是于此时诞生的，如Google、Facebook等，苹果公司也是在此时进入跨越式发展阶段，进入发展巅峰时期。2008年全球性经济危机爆发，各国经济陷入低迷，传统经济受到重创，由于基础建设后继不足，过度消费等因素促使经济体系迅速崩塌。在此背景下各国根据自身情况开始寻找新的经济增长点。互联网凭借其独特优势向人们展现其强大的爆发力，各种技术接踵而至，加快了传统产业改革步伐，促使传统产业与网络进行结合，如通信技术、大数据、云计算、网络交互等。大量新产品、新业态出现在大众视野中，多样化的高质量产品进入千家万户。在移动互联网快速发展的影响下，智能手机成为消费者不可或缺的重要物品，凭借移动互联网的优势，智能手机易携带、功能齐，彻底改变了人们的生活方式。各项技术更新换代速度加快，企业传统的生产模式被颠覆，人们更加倾向于私人订制，相反批量生产的产品比重日渐缩小。当数字化逐渐转化为智能化过程时，产品质量和效能也随之提高。网络与经济社会的逐渐融合将人们正式引进数字经济时代。

技术进步与社会发展推动着数字经济与传统经济不断融合，因此难以明确区分二者的界限。截至目前对于数字经济内涵尚未有明确统一的概述，但数字经济基础层面特征明显，因而与传统经济之间存在显著差别。

在杭州举办的G20峰会中始终围绕一个重要的关键词：数字经济。会议上详细阐述了数字经济的内涵：数字经济依托互联网技术和通信技术，利用数字化的信息和知识等关键生产要素促进经济结构优化，提高经济活动效率，这一系列经济活动称为数字经济。当网络化信息技术、信息化以及电子化逐渐渗透于人们的生产与消费中，与时代发展相呼应，数字经济从各方面影响人们的生产与生活，社会运行出现显著变化，随之而来的是加速现代经济更新速度。从本质上看，峰会中阐述的“数字经济”与“互联网+”概念基本相近。“互联网+”是一种基于网络技术形成的涵盖多种创新型要素的新模式，注重网络信息技术与社会经济的融合，其目的是推动经济效率和质量提升，优化组织形式，革新技术水平，扩大经济效益。从覆盖的范围上看，数字经济辐射的范围相对更广，大数据、云计算、人工智能和智能建设等都属于数字经济的一部分。

（二）数字经济的鲜明特征

和传统经济比较来看，数字经济呈现出诸多方面的优势，其自身的特色也十分鲜明。

第一，与其他要素比较来看，数据资源尤为关键，它是数字经济时代影响生产的诸多要素之一。传统发展模式下，社会生产主要依赖的是土地、基础设施以及自然资源等。数字经济发展背景下，数据在价值创造方面发挥的影响力越来越大，数据成为众多生产要素中关键的一种。尤其随着网络覆盖面的不断扩大，新的5G技术发展迅速，人与物、物与物之间的联系更加紧密，人机互动的趋势日益明显。在深度学习的影响下，人工智能发展速度创历史新高，而对上述发展产生重要驱动力的则是包罗万象的数据。在诸多创新形式中，技术创新要想取得突破难度较大，企业之间的竞争差距逐渐缩小。对于企业而言，要想不断突破原有的模式，实现行业领军，就需要对行业有着细致的观察，对变化更为敏感。因此，企业需要掌握更加科学、准确的用户数据，强化获取与交易、环境等资源有关的能力。

第二，数字经济的发展需要以技术为内在驱动力。在传统经济运营模式下，经济发展过程中信息技术起到的主要是辅助作用。在信息化运营机制下，业务的流程变得更为简单，业务流转的效果也不断强化。所以，核心业务中并没有出现信息技术的身影，它对经济驱动的作用不甚明显。对数字经济发展产生驱动力的主要是“数字资源和信息技术”，前者发挥的是核心作用，后者是根本，二者彼此配合。随着信息技术引领性的不断增强，制造、管理、流通、生产、营销以及消费等领域越来越多地以电子化、信息化、智能化的形式展示出完全不同的新型业态。服务的质量不断提升、产品品质有所保障、工作效率节节攀升。同时，由于数字技术影响力的不断提升，企业无论是在体系架构、经营模式、管理理念还是生产销售等方面都发生了巨大的变革，需要不断适应这一新的变化。

第三，数字经济的发展趋势要求与传统经济不断融合。在传统发展模式下，经济发展主要依靠的是服务业、工业和农业等，不同产业形式之间的交互性日益增强。农业机械化的进程不断加快，工业制造领域取得了累累硕果，服务业与上述领域的融合步伐不断加快。这些都足以说明，未来经济发展将会呈现出明显的产业融合趋势，这一趋势将会越来越明显。传统产业中，人工智能、网络信息、数字技术的交融性特征日益显著，这将会进一步促进传统产业发展活力的上升。由此可知，在未来的发展中，产业革命将会在云计算、智能技术、数字革命的引领下获得更大的技术成果。

第四，数字经济时代，生态平台竞争将会成为更趋主流的经营模式。在传统发展模式下，决定竞争力大小的要素主要包括企业模式、市场需求、生产力、发展战略以及相关产业等。数字化时代，企业的决策机制发生了明显的变化，产业竞争趋势越来越呈现为规模化、系统化的平台竞争。产业竞争力越来越受到生态系统构建的多方面影响。

第五，数字经济倾向于选择多元治理的发展模式。由于数字经济的影响，社会治理面临的困难也越来越多，政府无法单单依靠自身的力量实现对数字经济的高效监管。数字经济具有明显的综合性、复杂性以及多变性。其中，涉及诸多的用户，对于技术的要求也比较高，需求变化日新月异。此外，由于线上线下等多种形式融合的影响，所面临的竞争也越来越大。即便是一个十分简单的问题也有可能经过发酵而持续升温，变得日益复杂，如果仅仅依靠政府来进行监管将会存在极大的难度。面对这一治理情况，需要引导监管主体由原来的政府向多元共管的模式转变，最重要的是引导各种组织、企业、客户等积极参与到数字经济的治理过程中，使得每个成员的价值得到充分释放，真正打造多主体相互配合的良好运作模式，引导数字经济不断进行创新。例如，平台经济的参与使得原有的资源配置体系发生了较大的改变，在市场交易中，平台的重要性逐渐凸显。所以，针对平台上所出现的各种形式的问题，平台必须要对其进行合理处置。同时，平台自身也具备较强的资金、技术等多方面优势。发挥平台在治理过程中的作用，对其职责和权利进行严格界定，使其充分参与其中，发挥治理作用，已经成为一种共识。[①]

① 王振．全球数字经济竞争力发展报告2017[M]．北京：社会科学文献出版社，2017：8.

（三）发展数字经济的意义

1. 数字经济改变了经济社会的发展逻辑

萝塔·佩蕾丝通过大量的调研发现，从历史的发展过程来看，无论是哪一次技术革命都会带动不同经济范式的诞生与发展，就整个过程而言，它包括两个重要的发展时期，每个时期前后的时长大约为25年。第一个时期是新技术的快速应用以及相关行业的飞速发展，在新技术影响下所产生的产品也处于建设、发展、规模化使用的不断发展过程中，基础设施建设取得了累累硕果；第二个时期是新技术与各个行业深度融合并不断扩张的阶段，其他行业也因此产生了巨变。目前，全球信息技术正处于迅速变革的发展阶段，人工智能、互联网、信息技术以及与其相关的产品正在走向社会的各个领域，无论是哪一种事物都能够彼此互通，建立联系，各种数据增长迅速，新型产品不断被推出，新型业态日益丰富。各行各业正在以前所未有的速度与信息技术建立起紧密的联系，其速度令人惊叹，同时，人们的生活方式也发生了革命性巨变。

通信技术、大数据、云计算等应用范围的不断扩大，将会持续推进电子商务发展的提质增效，其向外扩张的趋势将会日益明显，全球贸易彼此之间的联系愈加紧密，智能化、电子化配送将会成为未来发展的主流。毫无疑问，由于信息技术的影响，生产力发生将会产生革命性变革，生产关系将会发生新的变化，产业效率不断提升，未来互联网生态持续优化，贸易形式更加多元，制造业形态也将会发生巨变。

2. 数字经济成为经济增长的主要动力源泉

数字经济正在以前所未有的速度快速发展，其创新性创历史新高，在全球经济中扮演的角色日益突出。它极大地促进了经济社会的快速发展，也促进了生产力的不断上升，发展的动力更足，经济活力更强，经济的发展也更加健康和稳定。目前，在经济发展过程中，数字经济发挥的驱动力日益增强。研究者埃森哲在其论述中所强调的数字化密度指数，就是专门被用来研究经济社会在何种程度上能够受到数字技术的影响以及经济受技术驱动力强弱的。

3. 数字经济提高经济发展的质量

融合性是数字经济的显著特征之一。在传统领域与数字经济彼此不断融合的过程中，尤其制造业影响力不断上升，数字经济的赋能效应日益明显，它极大地推动了智能制造业的快速发展。最近这些年，日本、美国等国家从国家战略的角度制定了一系列促进制造业与数字经济融合发展的战略，例如，韩国IT交互、法国新工业、德国4.0等。通过上述分析可知，大部分发达国家都在持续推进传统领域与互联网发展的深度融合，以此来不断促进制造业领域的发展与转型。制造业领域中的不少企业都在积极探索自身发展与数字融合的良好路径，以此来促进转型升级。德国安贝格致力于将数字化融入企业工作的各个环节，在外观设计、规划制作、综合服务以及工艺打磨等环节都融入了数字化技术，在短时间内就可以对产品工序进行调整，产品的合格率不断提升。不合格产品的占比逐渐缩小，在保持原有占地的基础上，生产率连连攀升。

如今，传统制造业在数字经济的影响下正在发生前所未有的巨大变革。规模化定制成为一种新的发展业态，协同制造的影响力越来越大，远程智能服务效果不断增强。这些新业态的不断发展，既与市场的发展诉求相吻合，也确保了生产率的不断提升，带动了未来制造业转型的新方向。

信息通信技术的发展为节能减排的实现作出了不小的贡献。一方面，技术的大范围应用使得一些资源的消耗不断减少，相关行业的污染物排放也就不断缩减。另一方面，信息资源属于清洁能源当中的一种，它不需要在其他资源支撑的作用下发挥作用。

4. 数字经济有效促进创业就业和增进人民福祉

就推进创新角度而言，随着全球经济结构的不断调整，人口结构也在不断地发生变化，新科技的影响逐渐渗透到各个方面。无论是哪个国家，对创业都给予了高度的重视，促进了本国国际竞争力的不断提升。此外，不少国家纷纷出台了各项支持创新创业的政策，引导企业不断增强其市场竞争优势。比如，欧盟就十分重视创业教育，无论是哪一个阶段都开设了专门的创业课程，在校园教育中，还加入了信息技术等相关方面的教育。在当前科技革命进程不断加快的条件下，信息技术在其中发挥的作用更加明显，我国兴起了新一轮的“创业热”，更多的人参与到创业的过程中，其中不乏很大一部分与数字经济直接相关。在数字经济的带动下，创业人员拥有了更大的网络平台。换言之，在数字经济的引领下，一大批互联网企业发展壮大，这些企业在吸纳就业方面的作用十分显著，成为创新创业的主要推动力量。

数字经济的发展促进了人类认知能力的提升、帮助人们开发了智力，同时，也促进了生产水平的不断增强，对就业水平的提升起到了直接的推进作用。从2021年的数据来看，我国数字经济的产值已达45.5万亿元，为经济的迅速发展提供了强大的动能，这也直接带来了数字经济就业机会的不断增加。相关报告显示，就数字经济结构角度而言，在所有的招聘岗位中，数字产业化所占的比重已经达到总数的33.2%，在总聘用人数当中占到的比例为26.3%。正是因为这一原因，不少国家将数字经济建设作为进一步发展就业的重要途径。2006年，欧盟正式发布了《21世纪——以就业发展打造信息化社会》，明确指出，在提供就业岗位和稳定经济发展方面，信息技术所发挥的作用是无可替代的。2015年，日本在《信息技术发展白皮书》中强调，对于众多的地方企业来说，要利用好智能手机等通信设备，扩大云服务等的影响力，充分发挥它在促进就业方面的引领作用，满足20万人的就业需求。可以说，互联网最大的价值就在于它能够不断促进生产效率的提升，确保劳动者拥有更高的劳动技能。对于那些较为常规和机械的工作，可以发挥数字技术的作用，由其来代替完成。通过这样的方式，劳动者能够将其注意力放在其他领域，进行新技术的投入与研发，这样不仅能够使成本不断降低，同时还能够使不确定因素尽可能减少。

就增进福祉而言，人们生活质量与数字化之间的联系尤为紧密。随着数字化能力的不断增强，人们对生活的满意度不断提升。从世界经济论坛所进行的调研结果来看，数字化水平每提高10个百分点，人们对生活的满意度大约就会增长2.1个百分点。尤为关键的是，数字经济的迅速发展使得各个区域之间的数字鸿沟实现更好的跨越，很多生活在偏僻地区的人们就会拥有更大的幸福感。数字技术的发展使得民生福祉不断增进，人们各个方面的生活都发生了翻天覆地的变化，如消费、购物、休闲、旅游、教育以及交友等。

(四) 中国数字经济的发展历程

20世纪末，开启了我国互联网时代的序幕，随之而来的就是“数字经济”的快速发展。21世纪初，出现了短暂的互联网发展低迷期，前后持续的时间大约为2年，我国当然也经历了这场短暂的发展停滞期。在经过这一发展低谷后，互联网发展拥有了更多的青睐者，用户人数创历史新高。在2004—2012年这几年中，数字经济迎来了发展的“春天”，更多发展完善的经济模式不断涌现。随着互联网发展的不断成熟，我国在2013年迎来了移动终端阶段，这也标志着我国数字经济发展日趋成熟。2022年8月2日，国家互联网信息办公室发布《数字中国发展报告（2021）》。该报告显示，我国已建成全球规模最大、技术领先的网络基础设施。截至2021年年底，我国已建成142.5万个5G基站，总量占全球60%以上，5G用户数达到3.55亿户。我国数字经济发展规模全球领先。2017—2021年，我国数字经济规模从27.2万亿元增至45.5万亿元，总量稳居世界第二。

数字经济涵盖诸多内容：数字产业化、产业数字化、数字化治理。数字产业化在所有的产业发展中具有明确的先导性，它为数字经济提供了多方面的支持，包括技术、服务以及问题应对策略等。

产业数字化，在数字经济影响的不断深化中，传统产业较之前发生了明显的更新，它与时代的结合日益紧密，也与当下的时代诉求更加契合。它的目的在于不断促进经济效益的增长。除了诸如平台经济等新业态，它还包括其他一些产业形式。

数字化治理，指的是通过利用数字技术，推进国家治理能力的不断提升，使其向着法治化方向迈进。与传统治理模式比较来看，这种治理模式的优势在于能够优化行政管理体系，探索形式多样、多方协调的治理机制，它是一种更加优化的治理形式。

二、数字技术发展及其趋势

(一) 数字技术的常见类型

数字经济是建立在各种先进技术的基础上的。其中既有关键技术的参与，也包括专用硬件、设备等。通过对相关文件的详细分析，参考国际报告在相关方面的调研结果，本书将数字技术归纳为以下多个领域[①]。

1. 人工智能

第一，从全球研究来看，人工智能备受多个国家的关注。当前，全球超过30个国家就人工智能的发展出台了相应的规划与发展战略，各个国家将关注的重点聚焦于军事发展、技能训练、资源建设、数据处理以及再就业服务等多个方面。

第二，与人工智能发展密切相关的前沿技术更新速度较快，学习迁移、深度学习等成为当下人们所关注的热点话题[②]。

第三，第三代人工智能发展十分迅速，它充分利用了算力、算法、知识等重点要素，实现了更高质量的知识驱动，数据的价值也得到了发挥。当下，人工智能发展不断取得新的突破，这受到了业界较大的关注。例如，2020年，在人工智能的助推作用下，成功对3D蛋白质结构折叠过程进行了预测，为生物学的研究作出了很大贡献。

2. 量子科技

首先，量子科技助力国家科技进步。国家未来竞争力的强弱和量子科技的发展紧密相关。在科技强国的推动力下，各国在相关方面纷纷做出总体规划，不断促进量子科技基础研究的提质增效。加大关键技术的研究力度，优化工程发展促进攻关的基本发展格局。比如，2018年，欧盟开始大范围实施“量子计划”。英国也通过量子技术的发展推动国家整体战略布局的优化。2019年，俄罗斯就量子技术的发展提出了“五年行动规划”。

我国也十分重视量子科技的发展，量子科技发展事关我国建设与发展的全局，要真正将其作为一项重点与核心工作不断强化，从整体上进行战略部署，优化整体布局。此外，我国在量子研究领域取得了一个又一个新的发展突破。2020年，“墨子号”量子科学实验卫星在国际上首次实现千公里级基于纠缠的量子密钥分发，这引起了世界各国对我国的持续关注，同时，对我国而言也是一次颠覆性的创举。其未来的发展空间较大，不少投资者将其

---

① 陈云伟，曹玲静，陶诚，等.科技强国面向未来的科技战略布局特点分析[J].世界科技研究与发展，2020，42(01)：5-37.

② 唐川，秦小林，李若男，等.国际人工智能研究前沿及演进趋势——基于对人工智能期刊论文的突变术语探测分析[J].数据与计算发展前沿，2019，01(06)：121-134.

关注点集中在相关方面。

3. 云计算

在以往的20余年里，不管是公共服务还是私有领域的发展中，云计算的发展都十分迅速。云企业的数量创历史新高，增长势头强劲。在21世纪初，全球范围内没有云公司价值超过10亿美元的企业，到2008年，全球第一家价值超过10亿美元的云公司Linked In正式登上历史的舞台。而这一数据到2020年取得了突破性进展，同类企业的数量已经接近100家。

4. 物联网

物联网指的是连接互联网的众多设备的总称，包括仪表、传感器、在生活中常常使用到的微型工具等，通过这些物件，能够实现数据传递与数据接收的目的。当前，畜牧业、制造业、电表以及物流领域等都已经大范围使用到了物联网技术。物联网技术也被大量用于对天气的预测以及对土壤监测等多个领域。随着数字经济发展程度的不断深化和信息技术更新换代的加速化，物联网将会与人们生活的各个方面建立起更加紧密的联系。

5. 区块链

区块链技术就其性质上来说，属于加密货币技术中重要的一种。当下，不少国家在相关行业的发展上不断出台相应的法律法规，不少地区的政府也在不断加快促进区块链产业的发展，确保项目能够真正付诸实施。

6. 大数据分析

近几年来，大数据发展引起了社会各界的广泛关注，它在组织驱动方面的作用尤为显著，更多的公司将其关注与研究的重点放在了大数据研究等方面，目的在于寻求更好的解决方法，为企业赢得新的增长点。到目前为止，研究者将其关注的重点放在技术方面，对于战略应用的研究少之又少。未来的一段时间内，数据的取得、数据的应用、气候的监测、数据库建设、数据处理、自然语言以及情报信息分类等将会成为大数据重点关注的工作内容。

7. 自动化系统与机器人

在未来，无论是教育、交通、农业、工业、生活还是战场等各个领域，机器人和自动化将会获得大范围的推广。随着自动化发展的日益成熟和技术的不断升级，不少岗位将会由人工工作转向机器工作，进而对就业、经济发展等带来直接的影响。经济合作与发展组织（OECD）在《就业展望》中明确强调，在未来的发展中，全球岗位当中，至少有50%的岗位由机器人担任，这一转型是大势所趋。在这一转变当中，自动化技术、人机交互以及遥感等将会直接影响该项技术的发展与建设水平。

8. 网络空间与安全

当下，各个国家都在通过网络空间来进行国家之间的博弈，网络空间的重要性日益凸显，它在国家安全战略中扮演的角色越发关键。在数字经济发展进程不断加快的背景下，数字化对人们生活所带来的影响越来越直接，因此，网络安全也就变得更加重要。网络自身也会面临各种各样的问题，包括网络诈骗、虚假信息采集、安全维护、病毒侵入、舆情控制等都对网络发展产生了较大的负面影响。

9. 未来信息通信

5G技术具有多方面的特征，其容量较大、速度较快，5G技术的发展必然会对文化生产、产业结构以及生产形式等带来革命性变化。随着5G技术与其他各个领域融合程度的不断加深，人们将会进入一个崭新的物联时代，物理世界对人们而言不再陌生，人与物之间建立了直接的联系。无人机、电子智能、智慧城市、信息农业等领域将会发生飞跃性发展。尤其在不久的将来，6G技术与人们生活的联系更加紧密，人们将会处于一个万物互联的新时代。区块链、数字云等对人们而言将不再陌生。

（二）战略性数字技术的发展趋势

战略性数字技术发展趋势指的是，存在较大的革命性变革能力、远离不成熟发展时期且正在产生较大影响、功能更加多样的技术。在未来的发展阶段，上述趋势将会以较快的速度不断趋于临界值。其发展趋势主要包括以下五个方面。

1. 超自动化

超自动化会涉及自动化工具、形式多样的机器以及各种软件，它是一个集合性概念。在超自动化中，自动化自身的程序被包含在内，如测算、管理、设计、计算、监测等。此外，它是囊括多种工具的组合。超自动化最为关键的是要真正认识到每一个步骤所涵盖的领域和范围，认识它们彼此之间的联系，了解其基本的协同形式。

这一趋势的开端是自动化流程，然而，仅仅这一点还不足以被称为超自动化。它还需要综合各种各样的工具，是需要依靠人力来完成的部分，由超自动化来完成复制。

2. 分布式云

分布式云即把当下所存在的公有云服务进行重新组合和分配，传统的服务商主要工作模块包括管理、维护、检查、更新等。当前，云服务的工作模式主要是通过集中式的方式来运作。未来，全时代会进入一个云计算发展的新阶段，这是一次革命性的巨变。

3. 自动化物件

传统意义上由人类所操作的事项，现在主要由人工智能来代替，而扮演这一执行任务的物理设备就被称作自动化物件。最具代表性的主要包括自动化设备、无人机、机器人以及多元化设备等。自动化物件最大的特征在于其自动性，其程序不再是固化的，它实现了更高程度上的自动操作。同时，还充分发挥人工智能的优势，根据环境的不同而做出相应的高级反应。在技术不断提升、监管更为严格的情况下，社会的接受度也在不断增强。未来，更多的公共场所将会对自动化物件进行大范围的使用。

在自动化物件使用范围不断扩大的情况下，笔者认为，传统意义上具有独立性的智能物件操作将会发生较大的变化，不管有没有人来进行手动操作，都能够发挥多台机器协同配合的组合作用。比如，在相同的装配机制下，各个类型的机器人能够协同运行。从快递行业的发展来看，最具科学性的应对方式就是通过自动驾驶汽车进行包裹的运输，再通过无人机完成整个派送过程。

4. 实用型区块链

实用型区块链对行业发展的贡献主要在于促进不同业务之间的价值交换，尽可能促进成本的不断降低，将交易的时间尽可能不断缩减，促进现金流形式的不断转换。因为我们能够对资产来源进行明确的追溯，所以会将不合格率缩减至最低。资产追踪为其他方面的建设与发展提供了较大的便利，它能够对整个链条中的污染情况进行明确的定位与追踪。此外，它还极大地方便了身份管理，在突发事件发生时产生相应的触发活动，如付款行为发生在收到货物之后生效。

在操作问题等因素的影响下，企业对区块链的应用存在一定的局限。尽管面临着各种形式的问题，但区块链在增加经济收入及引发革命性变革方面的作用十分明显。对于企业机构而言，必须对该技术进行适当的评估，即使未来可能较少应用此技术的企业，也应展开系统的评估。

5. 人工智能安全

未来的各种场景之中都会应用到人工智能，它会对人们的决策产生直接的影响。尽管这极大地推动了自动化技术的优化升级，也为业务转型提供了较好的机遇。然而，由于智能化、云服务以及物联网等彼此之间的互联使得被攻击的可能不断提升，这对于安全团队来说是一个巨大的挑战。对于安全监测部门来说，管理者应该关注优化赋能机制建设，提升安全防御的能力以及时刻做好应对被攻击风险的准备。

通过分析可知，数字技术在全球范围内的发展进程不断加快，数字经济取得了累累硕果。不管是哪个国家都将数字经济建设作为发展与建设的一个重要环节，尤其疫情的发生进一步推进了其发展与转型，让数字经济建设迈上一个新的发展台阶。未来，数字化将会成为发展与建设的主流。一方面，数字化与传统模式的结构为相关产业的提质增效提供了新的机遇，实现了高质量建设的目标。另一方面，各种新的业态也由于数字化建设而蓬勃发展。

近年来，我国在5G技术、大数据技术、人工智能领域以及量子科技领域都取得了很大的成就，处于全球领先地位。在“十四五”和2030年的中长期发展规划中，第一，我们要重点加强对数字经济的扶持，出台相应的扶持政策，持续支持核心技术攻关，布局6G等未来核心技术，依托数字技术优势保持和持续融入全球化。第二，要制定符合技术前沿、灵活适用的发展道路，保证我国的发展道路和方向具有先进性、科学性和可行性。第三，支持国内的研究机构、企业，尤其领先的电子技术企业，积极参加国际竞争，与世界先进企业进行技术交流和创新研究，培育出一批有国际竞争力的研发企业，并努力让这些企业成为我国在未来一段时间内参与国际竞争的中坚力量。第四，要不断地培育和吸纳数字化技术人才，其中包括领军人才、基础研究人才、技术研发人才、工程技术人才等。

三、数字化工作系统与工作方式

数字技术带来了新的顾客价值空间，同时顾客价值的创造与获取方式也发生了改变，而企业据此构建的数字化工作系统赋予了数字化工作者更灵活自主的工作安排与更大的工作能力成长空间，这在一定程度上提升了工作成效，并让企业对数字化工作者及其工作方式有了新要求。

(一) 高工作成效及其实现路径

为提升数字化工作者的工作成效，数字化企业以改进工作绩效为目标，创新工作系统：由原来关注顾客交易价值的工作系统转向关注顾客体验价值的工作系统。然而，看似高效的数字化工作系统，却总因为新工作者的慢成长与优秀工作者的快离开，低效地运作着。造成这种困境的原因是，在工作系统与工作方式的数字化变革中，大部分企业改变的只是分配固定任务与管控工作者行为的工作形式，而非针对创造顾客价值与赋能工作者成长的工作系统进行变革。

数字技术改变了取得工作成效的方式。在工业时代，顾客价值的创造主要取决于企业对外部资源的有效整合与对内部资源的高效运营。工作者主要通过做出企业规划的关键行为，完成企业安排的具体任务取得工作成效。在这种传统的取得工作成效的方式中，工作者的能力和意愿是影响工作成效的两个核心因素。

体现传统工作成效获取方式的典型管理工具是工业时期的封闭式岗位设置与行为绩效管理。企业基于对工作者的一般能力假设使用这些工具，目的是提高产出效率。为了帮助一般工作者取得工作成效，企业单方面确定岗位设置与工作任务，通过指定工作者的关键行为，确保工作者完成任务。企业的人力资源管理实践与工作方式也基于这一取得工作成效的关键而构建，因此，工作者只需具备平均水平或以上的能力，做出标准化行为即可取得工作成效，这使得工作任务管理与工作行为控制成为工作系统的关键。

数字化时代的技术赋能，使得工作者等各方与顾客的互动对数字化顾客价值的创造产生了重要影响。在符合企业价值主张的前提下，工作者能否获得授权与赋能，协同其他利益相关者直接创造顾客价值成为取得工作成效的关键。与此同时，数字技术的发展不但使工作者获取理论知识与实践经验的成本大大降低，而且拓宽了工作者的视野，升级了工作者的认知，最终大大提升了工作者的能力与成长速度。

无论是数字化顾客价值创造的新方式，还是工作者成长的新速度，都让数字化工作者更在意自身所创造的顾客价值与可预期的能力发展前景。而只有在数字技术赋能下，企业与工作者就创造数字化顾客价值达成共识，并在此基础上，以共同规划的工作战略目标为起点，数字化工作者才能凭借动态工作能力，协同利益相关者，最终完成创造数字化顾客价值的目标。在新的取得工作成效的方式中，工作者根据自己对战略目标的理解，适时动态调整自身行为的能力、协同利益相关者发展的意愿、参与创造顾客价值的机会成了影响工作成效的三大核心因素。

数字技术带来了全新的取得工作成效的方式，企业不能再单方面设定工作任务，并仅依靠管控工作者来取得工作成效，而是需要通过与工作者树立共同目标，并赋能工作者来取得工作成效。在这种新的取得工作成效的方式下，企业的人力资源管理实践将转向以顾客价值为共同目标，并在此基础上，通过赋能工作者以数字化工作方式提高工作成效。

数字化工作方式与传统工作方式的差异，体现在取得工作成效的过程中，工作者是否从受企业单方面控制的“任务工具人”转变为“价值共创者”。不同于被企业设立固定路径的角色设定，在数字化工作方式中，工作者既是工作目标的共同管理者，也是结果产出的关键领导者。

体现新的取得工作成效的理念的典型管理工具是目标设计与关键结果管理，合理的目标设计及与关键结果对照，能促进工作者能力的提升，激发工作者的潜能，企业的人力资源管理实践也将为匹配这种新的取得工作成效的方式而设立，以激活、赋能工作者为人力资源管理实践的核心。

（二）数字化工作系统与实践的再认识

在工业时代的工作系统中，人力资源管理实践基于企业是顾客价值创造与获取的主体这一假设。在此类系统中，工作者被视为完成任务的工具人。企业在完成对工作任务的单方面分解后，通过人力资源规划、招聘与配置、培训与开发、绩效管理、薪酬与福利、劳动关系六大模块保证工作者完成工作任务取得工作成效，进而组建工作团队并配备相应的固定管理者角色。在传统的取得工作成效的方式中，企业以流程为导向所构建的工作系统是高效的。

在数字化时代，数字技术不但提升了工作者创造与获取顾客价值的能力，还重新定义了取得工作成效的方式。数字化企业与数字化工作者围绕数字化顾客价值的创造与获取，重新构建工作系统。

数字化工作系统的认知更新框架能够有效地帮助我们理解工作系统与人力资源管理实践的关系。

当工作者不再是通过完成工作任务来取得工作成效，而是直接创造与获取顾客价值时，我们就必须以顾客价值为核心来理解工作系统与人力资源管理实践。数字化工作系统的认知更新框架的核心是数字化顾客价值，数字化企业与数字化工作者根据数字化顾客价值制定价值目标与规划，并通过价值赋能助力数字化工作者更好地创造数字化顾客价值，并在合理的价值评价与分配模式下，以价值连接与契约机制保证数字化顾客价值的持续产出。

企业只有将数字化顾客价值视为工作成效的核心，才能有助于数字化顾客价值的创造以及数字化工作者的成长。这样的认知变化最终将深刻改变企业的工作系统与人力资源管理实践。数字化企业与传统企业使用的管理工具之间最根本的差异并不是数字技术的应用，而是工作系统的核心设计。继续沿用原有的工作系统，根本无法提升工作成效。

（三）数字化工作模式

以完成工作任务为核心的工作系统，将管控工作者视为其工作模式的根本，而数字化工作系统则围绕数字化顾客价值的创造与获取建立敏捷团队，更关注快速响应数字化顾客价值，以赋能工作者并协同团队中所有工作者达成更高目标为核心。我们把这种数字化工作系统中的工作方式称为数字化工作模式。数字化工作模式有三个核心要素：组建数字化团队、塑造数字化领导力以及打造数字化个体。

第一，组建数字化团队。工作者的工作成效由完成任务转向创造数字化顾客价值时，团队的目标将从由管理者分配转变为由团队共同承诺。团队分工与合作的方式由统一分配任务和单一角色，转变为团队动态配合和复合角色。团队的控制与反馈形式，也由阶段性的静态考核转变为基于过往背景、当前成果与未来可能的动态观察。

第二，塑造数字化领导力。过往的工作任务和路径均由管理者独立决定，并通过目标逐层分配与行为直接管控进行管理。在技术的帮助下，工作目标的设定由自上而下的分配转为管理者与工作者共同规划目标，对照双方工作进度共同推进。

第三，打造数字化个体。数字技术赋能工作者并提升其工作效率已经成为当下趋势，但大多数的工作者仅停留在能够在数字技术的帮助下完成任务的阶段。真正的数字化个体是个体在对数字技术有了全面理解，对价值目标有了清晰认识后，从思维逻辑（基于数字经济的共生思维）、认知视角（商业活动的系统视角）到具体行为（一切围绕顾客价值创造的行为）的全面数字化。

数字技术全面提升了工作成效，并正在改变工作系统的运作方式与工作者的工作方式。企业如果希望在数字化时代取得更好的工作成效，跟上工作者的发展，就需要更新自身取得工作成效的方式，将以完成任务为中心的传统工作系统变革为以顾客价值创造为中心的数字化工作系统，并在此基础上打造数字化工作模式。

（四）新工作范式及其特征呈现

通过对就业市场变化的调研，尤其全方位实地走访调研了各大企业、各个平台以及人力资源部门等，我们能够清晰地看出，“工业化”逐步转向“数字化”是一个大的发展趋势，在这一过程中，我们能够对其本质特征有详细的了解。就根本上而言，这种转换带有明显的“就业”转向“工作”趋势。更加具体地说，这种就业较传统的就业更加“精细”，其颗粒度更小，同时，它也可以被看作一种明显的“质变”后行为。克里斯坦森突出强调，“就业”其实是建立在“工作”基础上的，它在本质上是一种创新，这种创新具有一定的“破坏性”。以往我们在对就业进行考察的过程中，常常用到的标准包括工作时长、薪资待遇、个体情况、岗位职责等，在新的标准下，我们常常使用到的标准变成具体任务、时薪、个体的能力、对技能的掌握等。尤为关键的是，由于颗粒度在不断变小，对“工作”的限制较之前明显变少，其扩展性变得更强，交易性、流动性较之前也明显增强。正是因为它在诸多方面的变化，决定了其具有的典型性，即工作范式呈现出明显的自主型、多元型以及分布型。

1. 从组织型就业转向自主型工作

科斯在研究后指出，在工业经济发展的背景下，市场交易需要付出更大的成本，组织型就业属于帕累托均衡的一种。在该类型就业模式中，依据个体按照自身情况所签订的劳动合同，更多劳动者被集中于相应的组织中，他们需要接受相应的指挥，也需要定期参加一定的培训，落实好岗位所赋予他们的责任，提供优质的服务，进而获得相应的劳动工资和各种类型的保险。然而，在众多劳动者的眼里，组织才是他们的重要客户，对其产品进行消费的消费者并不属于他们的重点客户群体。这一观念的存在导致组织运营需要付出更大的资本，也直接阻碍了建立在产品与服务基础上的消费者与劳动者的社会关联。尤为关键的是，劳动者受到来自各方面的限制，特别是“泰勒规则”的制约，从而造成他们的热情不高，创造性不强。

数字技术发展程度的日益深化，工业经济发展所带来的阻碍以及各种条条框框正在被不断突破，劳动者的自主型工作也有了相应的技术支持。从很大程度上来看，组织型与自主型工作之间并不是相互矛盾的存在，劳动者需要按照自身的实际情况选择与自己相匹配的工作形态。在自主型模式运作下，对于劳动者而言，可以遵从一定的规则服务于特定的组织，自觉参与到组织型就业机制中。即使是在这样的背景下，同样也可以发挥数字技术的优势，在特定的组织中获得更大的发展空间与决策权。对于劳动者个体来说，可以选择通过特定的数字平台完成自己所擅长的工作，找到适合自己的任务来完成，如在线诊疗、外卖、共享单车以及滴滴司机等。更为有趣的是，劳动者在同一个时间可以在同样的组织方式下完成不同客户的工作。比如，一个高校教师可以在工作时间教书育人，处理学校的各种事务。在自己的课余休息时间，他们可以去做滴滴司机，为更多的乘客提供高质量服务。在这种范式的作用下，组织能够获得较大的收益。数字技术平台的利用使得企业能够依托这一平台，减少对劳动力的过度依赖，同时也能够以在线支付为依托，最大化降低风险防控和科学管理的成本，确保客户对交付的结果有较高的满意度。不过，这也需要雇主建设更高质量的人力资源管理机制。

2. 从集中型就业转向分布型工作

工业经济背景下，集中就业成为就业模式更为突出的典型特征：交付期集中、工作区域集中，选择的地点以及时间等都是十分集中的。这也说明劳动者需要听从雇主的集中安排，在固定的地点、固定的时间，按照雇主所确定的基本工作顺序，执行更为严格的操作过程，通过严格的管理、严格的生产，以最高的质量完成工作流程，取得最佳的工作成果。工业经济背景下雇主需求至上的模式具有其自身的发展优势。但是，在集中的时间、集中的地点完成整体的交付会使一些突发性事件难以获得更好的解决，可能会因此带来不可挽回的损失。同时，一旦生产流程中的某一个环节出现问题，可能会导致生产过程整体崩溃。

很明显，这并不是企业所期待的结果，它是特定经济范式所带来的。数字技术使得这种集中运作的模式被打破，从而更好地发展分布型模式。从企业的角度来说，数字技术能够完成线上制度、物流监控、在线监测、线上营销等多元化服务助力企业经营体系的不断优化。同时，通过智能筛选、远程操作、税费缴纳、在线应聘等多元化服务让企业的管理更加优化、有序。通过材料技术、云服务、人工智能等让企业拥有更加强大的生产制造能力，最终形成一个受外界环境影响较小、能够准时、高质量完成交付工作的商业运作机制。在这一商业模式下，传统的劳动力管理体系发生了明显的优化。从劳动者的角度来说，数字技术使得劳动者能够结合自身的需求选择最佳的时间、区域等来工作，这不仅保证了劳动者能够自由地工作，也促进了生产效率的不断提升，最大化减少了资源浪费，降低了资金运作成本，也确保了集中就业模式运作的安全性、稳定性和健康性。

3. 从单一型就业转向多元型工作

“工业化”背景下，模式单一更多体现为单一的“雇主、岗位、关系”等方面。“单一雇主”更多指的是在一个封闭的时间段内，从劳动者的角度来说，他们更多地服务于固定的或者是唯一的雇主。“单一岗位”指的是雇主综合考虑到高效管理、专业发展的需求，实施十分严格的岗位与责任人匹配机制。劳动者在接受相应的职业教育之后，擅长于从事某一方面的工作，具备了特定岗位的基本任职需求，他们才能够在较长的时间内在这一岗位工作，形成专用化资本，将其作为自己一生的职业发展诉求。这类雇主往往设置了较为科学的职业发展规划渠道，确保劳动者能够不断成长。获得相应的职位晋升与发展机遇。“单一关系”说明了对于雇主和被雇用者来说，他们之间的关系是唯一的，也就是我们常说的雇用关系，其发展的时间上限是百年。单一性模式无论从被雇用者还是雇用者的角度来说都具有极强的刚性限制。从劳动者的角度来说，难以满足工作深度与广度的需求，他们长期生活在固定的工作环境下，难以获得更加多元的体验，个体的能力难以被较大化挖掘出来。对于劳动者而言，他们的生活不够多元和丰富，幸福感不强，在面对外界的变化时，劳动者也很难更好地适应。从雇主的角度来说，没有实现最优化的人力资本配置，同时面对日益严峻的市场竞争时，也很难进行灵活的应对。

面对迅速发展的数字技术，企业要想获得稳定的发展，劳动者要想获得更加长久的职业发展，单一模式是无法满足的。在外界环境发生较大的变化时，会直接带来“就业硬着陆”发生的风险。鉴于数字技术的参与，选择多元化的基本模式能够促进企业获得更大的收益，还能确保劳动者的利益最优化。多元型工作具有更大的灵活性，它的包容性极强，形式也更为灵活。在这一模式的助推作用下，劳动者能够依靠为特定的雇主服务，同时也能够服务于多元雇主。有时也可以选择以服务于一个雇主为主，同时兼职服务于其他雇主。从劳动者的角度来说，可以选择一个岗位为其毕生的服务领域，也可以选择不同的岗位丰富自身的职业生涯，让自己的生活更加丰富多彩。雇主和雇用者可以是长久合作的，也可以是合作伙伴、工作伙伴等，总之，人力资本关系具有较强的多元性。

(五) 新工作方式的构建——智能协同

在建立数字化商业活动管理系统时，要牢牢把握客户的价值诉求，在工作方式的选择上，更多以协同的方式作为合作的重点和关键。从企业的角度来说，需要通过科学的方式对数字化技术进行运用，牢牢把握协同这一关键，为数字化战略做出有益的尝试，更好地实现数字工作个体赋能。这种模式也可以被称作“智能协同”。从工作方式所涵盖内容的角度来说，它主要包括以下三个方面。

第一，确定数字工作战略。在企业工作的过程中，常常将数字化背景下的顾客价值作为一个重点。无论在何种工作背景下，都将互动作为一个重要的构建重点。在对工作角色进行分配时，常常依照基本的流程进行岗位的制定，通过更高质量的复合设计，实现顾客价值最优化。在对不同角色行为进行判断时，一个重要的标准就在于能否创造最大的顾客价值。

第二，构建数字工作组织。与之前企业单独确立工作发展目标和最优化发展路径的模式不同。由于技术作用的不断发挥，企业在确定未来规划和长远目标时，会考虑到所有参与数字化商业活动的主体诉求。依照基本目标与长远规划，企业致力于建设协同性强、能够赋能、多元参与的基本管理模式。同时，能够对不同的参与主体进行价值的分配和财务的分配，共同建设高质量的数字工作组织。

第三，赋能数字工作个体。数字组织里，个体在进入相应的终端时需要输入自身的终端信息，然后才能够进入线上空间，帮助线上多个活动主体，最大化地利用好顾客价值。同时，在人工智能等多元化技术的支持下，线上线下的参与者众多，彼此之间的协作效率不断提升，最终能够达到高质量完成工作任务的目标。

从商业活动的现实情况来看，智能协同取得了一个又一个的丰硕成果。在不断交互的过程中，数字化顾客价值得到充分挖掘，所以，不同场景中主体之间协调的效果与交流的质量决定了工作方式能否真正生效。

（六）新工作方式的价值表现

1. 数字化业务活动的沟通与协同价值

在数字化业务开展的过程中，不同主体综合多元化的视频会议、网上论坛、官方直播等形式完成互动。同时，从多元化的角度入手，包括现场互动、价值引导、资源分享等形式让顾客获得了更好的体验。比如，达美乐作为著名的比萨品牌，能够在口味调整方面不断汲取顾客的反馈。通过多个社交平台不断扩大“比萨大亨”的影响力。顾客自主选择多种食材，然后做出专属于自己的比萨，同时，可以将自己认为较好的口味通过线上平台进行分享和推荐。如果配方最终被采纳，还能获得一定的奖金。

2. 数字化产业活动的沟通与协同价值

在与数字化相关的各种活动中，各个主体在交流的过程中对数字技术的依赖性不断上升，便于更好地掌握顾客需求与价值。比如，韩都衣舍建立了客户数据平台，对不同客户的消费诉求进行调研，通过优化经营模式，实施小批量、多返单，让自身的产业选择更好地适应市场发展潮流。

3. 数字化运营活动的沟通与协同价值

数字技术在具体的数字化运营活动中起到的作用是不可小觑的。在部分情况下，借助于人工智能就可以完成预期目标。例如，对于同一个数字化顾客 ID，阿里巴巴借助淘宝网所具备的业务活动功能及协同平台，只需通过 1688 和 Alibaba.com，就能搭建起有利于进行数字化产业活动的平台，如协同平台。同时，辅以菜鸟网络、口碑网等平台，为消费者开发出本地和在线两项服务通道，使其能在短时间内创造价值，同时提升顾客价值。

数字技术的应用催生出了数字化顾客，同时也让数字化商业活动逐渐兴起、发展，进而创造出了较为可观的数字化顾客价值。当下，企业要想跟上数字化发展趋势，首先就要从现有的工作方式入手，加快升级数字商业活动管理系统，从而让员工采用智能协同工作方式办公，而这一工作方式将对公司发展起到十分关键的作用。

第二节　企业财务管理数字化转型的必然性

一、财务管理数字化转型的内外动因

(一) 外部驱动

第一，与数字经济时代接轨的需要。财政部于 2021 年 11 月颁发的《会计改革与发展“十四五”规划纲要》中明确了促进会计设计数字化发展，开创会计事业发展的新格局。由此可见，随着数字经济时代的发展，企业财务管理需要进行数字化转型，这也是财务管理的发展趋势所在。

第二，满足上级主管单位数字监管及治理的需要。现在，随着现代信息技术的不断发展，国家治理也开始向着现代化的方向发展，这需要治理思维的智能化和信息化，转变治理方式和治理观念。很多领域开始引入了数字化治理，如税务部门采用电子税票和电子发票代替纸质发票和税票，人民银

行也推出了数字货币等，这些领域的数字化尝试也表明，财务管理的数字化转型将是财务管理的未来发展方向。

（二）内部发展需要

第一，提升企业管理效率的需要。随着数字经济时代的到来，信息技术得以不断发展，这也使数字化技术产业逐步成熟，从而有利于促进企业的信息化建设。现在，企业在财务管理中采用信息化技术也看到了立竿见影的效果，例如，企业可以采用银企直联技术，这样能够减少时间损耗和人工操作失误，有利于资金管理效率的大幅度提升。此外，企业还可以通过财务 RPA 来完成对账和财务报表的自动生成，很大程度上避免了人工操作带来的失误，使流程更为优化，管理效率得以提升。随着信息技术的不断发展，企业财务管理的数字化技术也日益成熟，有利于企业构建一个标准化财务管理数字化系统，从而为企业的业财融合提供条件，确保了企业财务管理信息的质量。企业要想提高其财务管理工作的效率，就要积极推进企业的财务管理数字化转型进程。

第二，挖掘企业增长价值的需要。信息时代，企业每天都将面对不同的内外部环境，企业只有确保决策的准确性，才能更好地满足发展的需求，创造出自身的价值，这些都离不开实时、动态数据的支持。财务管理数字化发展也将在一定程度上促进数据治理技术和数据采集技术的发展，有利于数据标准的规范和数据维度定义，从而建立一个开放的管理会计体系，满足企业多维度、多方位的现代化管理需求。

第三，降低企业运营成本的需要。企业促进财务管理数字化转型的进程，也有利于企业各项业务基础数据的采集和整理，对数据加工流程予以梳理和优化，促进业务数字化处理模式的智能化和自动化程度的提升，可以对规模经济数据进行批量处理，信息系统可以在非工作时间进行工作，从而提高了工作效率，并且避免了人工重复基础性工作造成的资源浪费，减少了人工成本和管理成本。而且财务管理的数字化转型，可以利用线上办理取代传统的现场办理，为企业节省了差旅费用、服务采购费用等。

二、财务管理数字化转型的趋势

第一，促进由财务会计向管理会计转型。“互联网+”时代的到来，给现代企业带来了非常大的冲击，同时也是现代企业发展的一个重要机遇，所以，企业财务管理工作的重点就在于怎样为客户提供更好的服务，更有效地激发员工的潜能，不断地减少运营成本。数字化能够帮助人们提高数据和信息的采集效率，提升挖掘深度，实现了高效的财务管理工作效率，改变了传统的账务核算处理方式，让数据的获取、使用更为便捷。而且在云技术、大数据等技术的支持下，各类数据的分析和采集也更加快捷，从而有利于管理会计的快速发展。

第二，提升数据分析与挖掘质量。对数据所蕴含的价值进行深入的挖掘和开发，及时为企业的各个部门提供高效的服务，为企业做出精准、正确的决策提供依据。财务管理的数字化转型既拓展了分析的广度，也拓展了其深度，对启蒙模块分析的现状有较大的改善作用，从而有利于管理层做出更加积极有效的决策。

第三，优化企业内控环境。随着改革开放的不断深入，国内经济发展取得了巨大的进步，市场竞争态势也越来越激烈。从现代企业的角度来说，财务管理工作是企业工作中的重中之重，将直接影响企业的战略目标能否顺利实施。随着数字经济的发展和普及，数字化和智能化概念在各个行业都得到了全面迅速的发展，为各个行业创造了巨大经济价值。财务管理工作的数字化转型也不例外，它不但提高了管理的效率，也促进了其工作的精细化发展，而且通过信息数据共享，为全员参与财务管理提供了机会和条件。

第四，加强企业财务内部控制。降低企业财务风险的发生概率就要从企业的内部控制入手，但是这一环节往往被企业所忽视，没有时刻关注自身的运营状况和发展战略，并进行及时的调整和完善，加上财务数字化程度有限，从而使得企业的内部控制无法和激烈的市场竞争相抗衡。因此，促进财务管理数字化转型也是迫在眉睫的重要问题，只有利用大数据的优势，精准、高效、全面地获取各项财务信息，全面整体地控制企业的经营、投资和决策等过程，及时地判断企业内部环境变化，并恰当处理各项企业运营不确定因素，如此才能实现企业管理的协调发展。财务信息最直接的反映就是数据，它能够确保及时地监控和了解企业运营中的财务管理工作，促进财务工作的科学化和严谨化发展，尽可能地避免财务风险的发生，为企业可持续发展创造条件。

第三节　企业财务管理数字化转型的推进

随着互联网、大数据、云计算等数字化技术的出现，各种新的业务模式也在不断涌现。数字经济的发展打破了传统的时空局限，使信息更加透明，经济活动更加高效，互联互通更加便捷。现代企业是我国经济发展中的一个重要环节，必须及早进行数字化转型，利用大数据、物联网、人工智能等技术改造企业的经营方式。而财务管理在企业经营中起到了联通、沟通、融通的作用。

一、数字化在企业财务管理中的重要作用

一是财务管理环境的改变。大数据、物联网、人工智能、云计算等信息技术在数字世界迅速发展。过去，企业的经营活动主要是实物、实地、实体等，在某种意义上，各种内部和外部的因素都会对企业的生产产生不同程度的影响。在数字化时代，许多企业的运营都是以互联网、云计算等数字化技术为依托，这就使企业的生产和管理不再局限于实物、实地和实体研究，而是朝着智能化和便捷化的方向不断发展。与此同时，在信息化技术不断发展的条件下，财务数据和信息的处理更加高效、更加透明，同时数据输入和输出也更加便捷，使企业能够及时、准确地获得更多的数据和信息。

二是财务管理主体和客体的变化。在数字经济时代，企业财务管理的对象不仅限于实体，而且越来越注重线上和线下的结合。数字时代，企业要想通过云计算、人工智能等手段，将企业的业务发展为线上与线下的一体化、实体与虚拟的结合，就需要企业的经营主体由传统的实体组织向虚拟与实体结合的组织形式过渡。在过去的几年里，财务管理的重点大多集中在企业的资金流动上，而在信息化时代，随着信息技术的飞速发展，财务管理的目标也逐步向资金和信息流的方向发展。

三是财务管理手段和方式的转变。以往的会计核算主要依靠人工核算或者简单的计算机软件进行核算，这种核算方式不但会降低企业的工作效率和工作经验，而且会影响企业的工作效率和准确性。在信息化时代，企业日益注重对成本的精确管理以及线上和线下的实时、精确的协同管理。通过引入云计算、物联网等技术，企业的财务数据能够脱离实体机构的束缚，不仅可以进行远程工作，还可以利用海量的数据进行准确的分析。随着信息化时代的到来，企业的财务管理方法和手段也经历了显著的变革，不但让企业职员摆脱了人工报销的困扰，更加专注于自己的工作，而且能提高企业的经营效率和准确性，让经理和高层领导能够及时掌握企业的动态。

二、数字化的改造提高了企业财务管理水平

(一) 实现财务信息分享，推动产业和资金的整合

在传统企业里，财务管理通常是由财务主管负责，只有在财务部门中才能传递信息，而非财务部门则不能及时地获得与自身有关的资料。由于存在这样的信息差距，许多企业的财务管理决策都具有一定的适用性，而且在实施过程中往往会遇到许多问题。通过云计算、大数据、移动终端等数字化技术，建立一个统一的财务信息共享平台，将有关的财务数据进行实时共享，实现业财的高效整合。

通过财务信息共享系统的建立，各企业可以通过财务报表、审批、核算等财务工作来完成财务管理工作，在财务报表建立过程中，可以通过 H5、JAVA 等技术，Fiori 与 ERP 技术的整合将企业的前端采购、销售、生产、人事等功能全部融合在一起，不仅做到了数据来源的唯一性，同时也利于财务数据的统一管理，与此同时，可以实现全部财务报销流程的线上审批，通过前端业务跟会计科目所建立的匹配关系，进一步实现了全业务审核后便自动入账，不用再转换为 ERP 来进行会计业务的处理。此外，财务信息共享系统能够及时地了解企业的运作，同时也有利于企业管理人员及时掌握企业的发展动态，如 SAP、SSF 等软件搭建的共享服务管理系统，不但可以完成派单管理、财务审核等功能，还能满足绩效管理、信用评价、交互管理等于一体的共享运营业务需求，不仅便于财务部门可以在第一时间从财务共享平台

了解企业当期业务运作情况，进而对企业运营做出有效的资源分配及财务预测与管理，同时还为财务信息共享中心的高效运行提供了强有力的数字化支撑。

(二) 提高财务管理决策的数字化转型

财政管理是一个系统化的工作，财政管理的内容、方式和方法都需要预先做出财务管理的决策。例如，在企业做出投资决策前，要深入、仔细地研究项目的资金流向和可行性。因为企业内外的信息和数据十分复杂，要获得准确的信息十分困难。因此，通过大数据采集技术，可以获取与企业相关的财务决策信息，并能快速地进行企业内部的财务决策，保证企业财务管理的总体精确度。当决策信息采集完毕后，决策者就可以运用人工智能等数字化技术来进行决策问题的定量化，比如一些财务信息处理软件，它可以通过智能化的分析系统，迅速地处理出一系列的财务指标，并且能够综合考量到决策目标的内外部应用状况，为决策人员的决策提供一个高效的参考。

(三) 降低财务管理成本的数字化转型

数字化改造，使企业的财务管理方法、业务流程都得到了优化。在原来的财务管理过程中，无论是采集原始资料，还是分析财务数据，都需要耗费大量的人力、物力和时间成本。虽然前期需要大量的资金，但经过了数字化的财务管理系统，可以简化财务管理，提高数据处理的效率，从而大大地减少了企业的财务管理成本。比如，通过对企业财务信息系统进行数字化改造，能够为员工提供智能报销，使员工能够在工作中不需要支付预付款、不需要开发票、不需要人工支付。而对财务经理来说，利用数字化技术进行会计核算，可以极大地提高会计信息的效率和精确度，并能有效地减少人力资源的消耗。

(四) 加强企业的财务预算管理

企业的财务预算管理是企业财务管理的一个重要环节，它能够保证企业的正常运营，提高企业的经济效益，是企业后续的经营、投资、融资等经营活动的关键。当前，我国企业的预算管理水平普遍偏低，其主要原因是:

预算管理的数据处理效率低下，对预算数据的分析和处理速度不够快，数据不够准确，数据的可操作性、及时性和准确性都不高，造成了财务资源的不合理分配。在数字时代，企业可以运用先进的信息技术和数据处理技术，有效减少数据的误码率，快速高效地收集、整理、汇总，全面高效地进行数据分析和处理。从而保证预算数据的正确性和可信度，极大地提高企业的预测分析和预测管理水平。

（五）加强财务风险的有效管理

21 世纪是一个快速变化的经济时代，企业所面对的经营风险越来越多，其中包括生产经营风险、投资风险、融资风险、信贷风险等。因此，如何提高和改善企业的内部控制和风险管理水平，已成为当今各大企业所必须面对的一个重大问题。数字化和大数据技术具有很高的准确性和时效性，可以准确、及时地记录、处理和存储风险所需要的数据和资料，从而有效地提升企业的风险分析、风险处理能力。同时，数字化能够实时、动态地跟踪和监控公司的财务信息，实时监控公司的资金流动、风险分析等，达到对公司风险的预警、防范，并能合理地预测与管理，从而提高公司的内部控制和风险管理能力。

三、财务数字化管理的推进方法和途径

（一）全面提高企业财务数字化管理的观念

首先，要加强对企业的财务管理工作的数字化意识。企业管理人才是企业数字化管理的核心要素，企业可以请业内的相关专家来进行企业财务管理人员的专业知识教育与职业教育，让他们清晰地认识到，企业正在朝着数字化、智能化的方向发展，如果还是局限于过去的观念和思想，迟早会被时代所抛弃，而企业若采用数字化的财务管理模式，不但可以提高企业的核心竞争能力，还可以提高企业的决策准确率，让企业能够享受到更多的改革红利。

其次，企业内部员工是实施数字化财务管理的重要参与者和实施主体，因此，要使各部门的观点保持一致，从而促进数字财务管理的成功转型。企

业可以让雇员更好地理解数字化财务管理和运行的基本模式，增加数字化工作的体验，并让他们感受到大数据、云计算、物联网等技术应用的高效性，进而转变他们的思维模式。

最后，要加强财务管理团队的建设。要把数字化的理念融入数字化财务管理工作中，让财务人员感受到数字化技术的优势，愿意运用数字化技术进行日常的财务统计与核算工作。与此同时，对企业的职员进行从上到下的数字化财务管理，其中包括建立数字报表平台、业财融合平台等，从发票获取、扫描报账单据等最基本的工作开始，全面提高员工的基本素质。

（二）企业数据安全保护的对策

第一，在企业的信息化建设中，要加大投资力度。当企业拥有大量的用户时，就必须有一套高计算能力的硬件来进行业务往来和存储。而且，为了保证企业的安全运行，企业必须在其雇员的终端设备上安装与外部环境无关的软件和硬件，从而保证企业的信息安全，同时也保证了企业内部人员在使用公司财务管理系统时不受外界因素的影响。小型企业使用第三方金融管理系统时，应对其进行实地考察，并与其在数据传输、使用、保管等方面达成协议，以最大限度约束其行为，确保数据的安全。

第二，要加强对核心财务管理人员使用数字平台的培训工作，确保财务数据的安全运行、维护和分析。在顶层设计中，企业必须对企业的财务信息负有保密责任，与主要财务主管签订责任协议，规范拥有较高权限的财务经理的行为，尤其在非工作时间和离职后，必须严格遵守公司的财务管理规定。

第三，在关键管理信息泄露后，要采取技术、法律、人事等方面的补救措施，及时弥补因泄露而造成的经济损失。

（三）强化财务信息共享平台建设

要想实现企业财务共享和业财融合，建立数字化财务共享系统是一个关键步骤。整合全体职工的意识，并在上级的协调和统一领导下，打通企业的资金流、业务流以及信息流，及时对每个业务进行实时的记录；与此同时，企业所有的经济行为必须以一个统一的体系将所有的业务连接在一起，打通内外部的信息障碍，使得企业中的各个部门密切地联系在一起。

与此同时，利用“互联网+”、物联网、云计算等数字化技术，建设一个智能化的税务系统，实现企业与企业的有效协作，实现业务、财务和税务的统一处理和管理，从而提升企业的经营效益。其中主要包括：建立企业费用控制单元，智能化支付，采购金额支付；实现机动性，突破场地局限，提高生产效能；对企业的成本进行即时的审计，云端储存，员工日常报销，对公付款；实现智能化，采购金额支付；通过实施可移动性管理，突破地域的局限性，提高工作效能，使企业的成本消耗控制在预算范围内，对成本进行实时的分析和监测，对税务的财务信息进行及时的核实和审查。运用大数据分享技术，建立包括预算管理、成本管理和绩效管理在内的数据处理系统，将以往的数据和现有的数据相融合，发掘其经营潜力，对企业的经营发展趋势做出精确的判断，使公司管理部门能够更好地了解当前的经济形势，同时做出正确的决定。

(四) 加强复合型财务人才的培养

人力资本是企业的首要资源。数字化对财务管理人才的综合素质要求越来越高。在目前的形势下，企业迫切需要加强财务管理的复合型人才培养，可以通过引进与内部培养相结合的方法来进行人才的储备。引入复合型人才是短期内最有效的使用人才的方法，但其缺点是人力资源成本高、归属感低、稳定性差，同时也会给企业带来负面的影响。而内部培训，则可以通过开展培训、交流等活动，为财务管理人员提供一个相互学习、交流、合作的机会，促进他们的整体素质提高。内部培训可以促进复合型人才的持续发展，增强员工的归属感和稳定性；所以，企业应采用“内、外”两种方式进行人才储备和人才培养。

第四节　数字化时代企业财务管理的保障

一、积极转变财务管理理念与角色

(一) 数字化时代企业财务管理理念的创新

在信息化时代不断发展的今天，企业的财务管理工作正处于一个新的阶段，要想发展企业财务管理工作必须要加强财务管理理念的建设。

1. 树立企业的可持续发展理念

从企业的观点来看，企业的可持续发展对于保持企业的活力和生命力具有重要的意义，这与企业的财务管理工作的指导思想密切相关，所以应该逐步将这种思想融入企业的教育和学习，帮助企业更好地发展。

在企业的财务管理中，要把可持续发展理念贯穿于整个企业的经营与管理活动中，在企业的经营管理中，要分清主次，从近期、中期、长期三个阶段，为企业的经营管理提供科学的发展策略。此外，企业的投资管理、收益分配与企业的财务管理观念也存在一定的冲突，因此需要加强企业可持续发展理念的建设，帮助企业更好地实现企业财务管理的可持续发展。

2. 树立知识资本的理念

人是企业发展和进步的基础，它取决于人的能动性和主动性，也取决于人所拥有的知识水平。在企业经营管理中，企业管理必须充分认识到知识对于企业的重要性，并把知识资本作为企业财务管理的核心内容，以实现企业价值的最大化。为了充分发挥其作用，企业的财务观念首先必须进行知识观念的革新，制定和完善公司的人才培养策略，使企业的知识不断更新与发展，从而使企业在知识资本的支持下，迅速提升企业的竞争力。

3. 坚持效益为先的财务管理理念

企业发展的根本目的是盈利，这也是企业财务管理工作开展的主要依据。为了使企业的利润最大化，财务管理人员必须树立“效益为先”的财务管理思想。

在企业的经营管理工作中，必须与众多的社会成员，如投资方、债权人、雇员等，建立良好的合作关系，这就要求对企业利益进行合理的配置，而利益的增长则是企业利益最大化的关键所在。这样，企业与社会上层的联系才能得以维持，避免企业关系的断裂对企业的持续发展造成一系列的问题，从而使企业的健康和持续发展成为可能。

4. 树立数字财务理念

随着互网络经济的不断发展和进步，以电子商务为代表的网络经济已经成为我国经济发展的一个重要部分，许多公司在坚持传统的实体经营模式下，也在积极探索电子商务领域，这就要求企业的财务管理人员必须学习相关的数字化财务理论，对其进行数字化财务实践研究，并建立起一套科学的财务管理理念。在数字化财务思想的基础上，企业的财务管理工作可以通过网络进行审计、审计、采购、支付等活动，同时也可以利用网络对企业的财务状况进行实时监测，从而防止财务问题的发生。数字化财务思想的提出和实施，使传统的企业财务管理工作得到了拓展，同时也使企业的财务管理水平和质量得到了进一步提升，为企业进入全球化市场奠定了基础。

在数字化经济时代，企业财务管理观念发生了重大变化，逐渐从核算管控型转向了服务支撑型。核算管控型，主要反映的是对会计职能的核算和管控的响应，这种传统的财务管理模式与目前的财务发展现状有很大的不同，简单的核算型并不能反映企业的竞争意识，仅仅将其看作一种简单的工作，而忽略了财务管理职能的作用；单纯的核算管控型，在不同的经营主体之间，容易出现错误；简单的核算管控型，更注重对企业的财务和运营状况进行评估，以会计核算为主要目的。而服务支撑型，不仅包含财务管理的核算管控，也包含财务职能的管理思想，它要求对来自财务的信息进行逻辑性的处理（包括分析、归纳、总结），并要求参与企业的经营管理，从而能够有效地对公司的发展和现实的财务状况进行风险控制，为公司的发展作出正确的决策，充分体现出服务支撑新理念。

在当今世界经济发展的大环境下，增强企业的财务管理观念是增强企业竞争力、增强企业在国际竞争中的可持续发展的重要手段。因此，要加强企业财务管理理念的建设。与此同时，企业财务管理也需要创新理念的建设，企业的财务管理工作在不断进行，财务决策的准确性也在不断提升，为我国企业的发展提供了有利的环境。

(二)数字化时代企业财务人才角色的转变

1. 数字化时代财务人员职业再规划

数字时代，人工智能是科技和经济发展的必然产物，现在的财务人工智能还处在初级阶段，还没有完全成熟，财务管理相关系统还不完善，内容也不够系统。但是，随着科学技术的不断发展，会计信息系统的智能化将会得到更广泛、更深入的应用[①]。随着人工智能的不断发展，企业对财务从业人员的专业知识和技术水平要求也越来越高。但是，不管什么时候，人类始终是这个世界的主人，在面临新的挑战和机遇时，我们必须正确地看待和积极地迎接这一时代的来临，并加强企业的财务数字化建设。

第一，由基础核算等低端人员向高端类型人才转变。从我国财务产业的发展现状来看，基础核算的会计人员的工作已趋于饱和，而高级会计人员的后备力量却十分匮乏[②]。随着信息化、智能化时代的来临，人才素质的提高、核心竞争力的提高，都将迎来宝贵的发展机会。作为一名财务从业人员，不能只局限在现有的数据资源的判断和决策上，而要对更深层次的数据进行挖掘和分析，从多个角度来评价和评估公司的发展[③]。高级财务人员必须具有财会法律法规、企业管理理论、电子信息技术等相关知识，并能为企业解决问题提供强有力的支持。[④]

第二，由传统的财务会计向管理会计人才转变。人类和人工智能不同，他们的大脑是有思想和主观能动性的。但人工智能却只能被动地听从人类的命令，因为它比人类处理数据和信息更精准，更不容易出错。因此，财务管理人员要转变自己的观念，逐渐向管理会计方向发展。信息的精确性和信息交流的便利性可以为企业制订发展策略和未来发展规划提供依据，使会计人员运用过去的经验来开展业绩评价、资金预算、投资分析、成本控制等方面的工作，提高管理、分析及决策能力，并通过人工智能为企业的发展创造价值。

---

① 向桂芳．人工智能异军突起下的会计何去何从 [J]. 现代经济信息，2017(01)：212.
② 张威．人工智能对会计行业人力资源的影响 [J]. 财会学习，2016(03)：73-86.
③ 宗文龙，李晓慧．会计职业规划教育的实践探索 [J]. 财会月刊，2014(10)：126-128.
④ 张紫馨，杨昕，辛萌．浅析人工智能会计应用下会计人员的职业定位 [J]. 中国商论，2016(30)：168-169.

第三，成为人工智能会计系统的设计者和维护者。财务人工智能在未来的发展过程中，需要维修和保护且要不断地更新程序，以满足企业发展的需求；会计人员与智能机械研发人员之间要保持良好的交流，发挥各自的优势，尤其要发挥财务管理人员在财会行业的优势，与科研人员进行高效配合，在计算机软件应用、人工智能技术发展以及管理会计应用方面发挥更大的作用。

第四，成为人工智能财务规则的制定者。从目前的计算机技术发展趋势来看，财务数据有外泄的风险，有时候还会出现系统崩溃的现象，这些都与公司的利益息息相关，一旦出现信息泄露，或者是系统崩溃的情况，都会对公司造成巨大的影响和严重的损失。在数字化技术不断发展的过程中，很多都是通过线上进行存储和加工处理的，如果出现网络黑客或者病毒入侵，便会加大企业的财务管理风险。因此，作为一个会计工作者，必须要有足够的时间来熟悉相关的法律法规，并根据人工智能存在的风险，为其制定规则提供宝贵的意见，确保其在实际应用中的安全性和可靠性。会计思维与人工智能之间的差异是显而易见的。会计的思维方式是多种多样的，包括多方监管、个人感情、社会伦理等各方面的因素，而会计规则的制定是以税收、宏观经济、金融市场、监管规则等为依据的。会计是一种将企业与市场联系起来的有效方法，而只有在紧急情况下具备应对突发事件的能力，才能满足企业迅速增长的需要。而人工智能既是一个固定的规则，也是一个庞大的数据资源库，所以当它被改变的时候，它就会失效。

2. 数字化时代财会人员培养的对策

(1) 财务人员积极应对。

首先，企业财务管理人员要明确自身的优缺点，发挥自身的优势，规避自己的劣势，主动进行调整，以更好地适应新的发展形势。要与时俱进，要不断地学习新的知识，拓宽自己的专业知识水平，加强对信息技术的学习与掌握，提高自己的知识更新水平。

其次，财务人员要与销售人员、程序开发人员、经营人员保持良好的关系，并具有较强的沟通和协调能力。充分利用财务信息，充分发挥财务信息的作用，参与公司的决策，充分掌握发展机会，发掘新的利润增长点，以全面系统地分析推动公司增值，寻求解决公司业务问题的办法，做好财务信息的解释者和顾问[①]。

(2) 优化人工智能在财会领域培养体系。

第一，要加快建立我国财会智能技术研究中心。加快建立教育部重点研发中心、教育部重点实验室、教育部工程研究中心等创新实践基地，促进高校、国家会计学院、会计师事务所等创新实践基地建设，促进高校、国家会计学院、会计师事务所等创新主体协同联动，建设协同创新中心。

第二，强化财会人工智能智库的建设。健全会计与会计学科的人工智能学科建设，促进会计学科的发展与融合，培育和实施财会人工智能领域的产学合作协同育人计划，利用财会人工智能最新成果推动人才培养改革；建立一批以教育、科研、培训为主体的共享专业人才培养平台；积极支持会计、财务、人工智能等专业的师资培训，为产学研合作提供培训平台；推进高校教师与会计、财会、人工智能产业的双向沟通机制；引导各高校加强专业招生和专业培养，逐步扩大财会人工智能专业招生规模，合理确定专业层次，加强对人工智能专业人才的培训；支持高等学校担负起国家重要使命，培养一批在世界上享有盛名的领军人物；支持各大学建立财会人工智能、脑科学、大数据、云计算、认知科学等多学科的跨学科创新队伍；强化对财务会计领域的智力基础研究和科技创新队伍的有力支持。

第三，要强化学科建设。基于人工智能的渗透性、移动性和普适性等特征，结合会计专业的实际需要以及对会计专业的兴趣，促进我国会计专业人才队伍的建设。

第四，要强化教材的编写。推动人工智能技术资源与技术成果转化为会计教育与教学，推动会计与人工智能相关的网络课程建设与教材的研制，编制出世界一流的大学会计人工智能教材，打造网络精品课程；而在大学的电脑课程中，则以人工智能为主要的教学内容。

第五，加强国际学术交流和合作。在人工智能方面，主要是引入国际会计界的专家，进行学科建设、科研等方面的研究；同时，为了提高我国在人工智能领域的国际影响力，大力开展国际学术交流会议，促进国内学者在世界范围内担任要职，并大力推动我国财会学者参与国际规则的制定，适时

① 颉茂华，朝格吉乐图，焦守滨．管理转型中企业财务人员素质能力的提升路径——基于开盛生物公司的案例分析 [J]. 管理案例研究与评论，2016，09(01)：65-81.

地提出“中国标准”“中国建议”。

二、建立风险管理框架

(一) 数字化时代企业财务风险管理的意义

企业管理活动涉及各个方面，而财务风险管理则是企业管理中最重要的一点，它的运作与运转离不开财政的支持，因此需要有一个稳定、条理性的管理体系。在企业面临着市场乃至世界范围内的经济风险时，企业的财务风险管理非常重要，因为它能将企业的亏损降到最低，保证公司的正常运转，同时，公司的良好运作，对员工来说，也是一种保护，关系到国家的民生。因此，在数字经济转型时期，做好企业风险管理的策划和创新，就显得尤为重要。

数字转型是指企业通过运用数字化技术改变业务模式、组织内部结构的流程活动等相关变革的一种措施。工信部中小企业局于2020年4月印发了《中小企业数字化赋能服务产品及活动推荐目录(第一期)》，其中《中小企业数字化赋能专项行动方案》是其中的一小部分，帮助中小企业实现财务管理的数字化、智能化以及网络化，帮助企业稳步发展。2020年5月，国家发展改革委官方网站公布了“数字转型伙伴行动”的倡议，提出要加快建设数字企业、建设数字产业链、培育数字生态，实现数字化转型为企业高质量发展赋能。

工业的数字转换已经是传统工业发展的必然方向，它已经是技术和经济发展的基本驱动力。在数字化时代，对企业的财务工作提出了更高的需求和新的机会，要抓住数字化转型新契机，提高财务风险数字化管理水平，实现业财有效整合精细化管理，培育企业核心竞争优势，使企业的财务管理在数字化转型中发挥更大价值。

(二) 数字化时代企业财务风险的衡量指标

财务风险指数是从长期的角度出发，通过建立一系列的指标来分析企业的财务风险，从而预测企业存在的财务风险问题以及隐藏的财务风险问题。财务风险指标设置的目的是更好地预测风险，根据财务数据进行风险预测，降低风险或者发现潜在的危险问题，这样才能更好地控制风险，从而降低财务风险带来的危害。主要的财务风险控制指标如下。

1. 偿债能力

偿债能力的衡量指标包括流动比率、速动比率、资产负债率。国际上一般认为合理的最低流动比率为2，速动比率为1，资产负债率为40%～60%。如果流动比率很低，就表示公司的资金周转能力很弱，同时也反映出公司的资金流动性不强，从而会对公司的盈利产生不利的影响。相对于流动比率，速动比率能够更直接地反映公司短期的负债能力，作为流动比率的补充，高的流动比率并不能充分说明公司的短期偿债能力，但通过速动比率可以在某种程度上规避这些风险，保证公司决策的正确性。资产负债率反映了债权人为公司提供的资本所占的比重，也是衡量公司利用债权人提供的资金进行业务活动的能力。

2. 盈利能力

运营公司最看重的就是盈利，这是我们最应该知道的，它的主要衡量指标是收入增长，基本每股收益以及销售净利率。公司可以从收入的增长中看到收入的波动，这样财务管理人员就可以直接知道收入的变化情况，而每股基本盈利可以让公司看到公司的运营业绩，可以用来衡量普通股的盈利水平和风险，也可以选择使用销售净利率来观察销售收入的收益水平。

3. 营运能力

企业的财务风险并不只是资金方面的问题，它还涉及业务的运转情况，因此，可以采用应收账款周转率和总资产周转率等指标来衡量公司的运营能力。应收账款的周转率可以反映出公司的现金流量，如果公司能够快速地回笼资金，那么公司的资金利用就会更加有效，公司的运营效率也会更高，而总资产周转率就是一种度量公司的资产规模与销售额的比率，如果公司发现资产的周转率在不断地降低，那有可能是因为公司规模扩大导致公司资金匮乏，这时候就应该缩小投资，提高公司的投资能力和销售能力。

4. 财务杠杆系数

财务杠杆系数是普通股每股收益变动率和息税前利润变化率的比率，公司的财务风险程度大小与公司的财务杠杆系数有关，在一般情况下，公司的财务杠杆系数越高，公司的财务杠杆效应就越大，而公司的财务风险就会越大。企业可以通过合理的资金配置，有效地控制财务杠杆，减少财务风险。

(三) 数字化时代企业财务风险管理的创新策略

1. 建立财务风险数字化管理体系

财务风险不是一件容易被发现的事情，因为它的潜伏期比较长，所以公司的管理者很难发现，也很难处理，再加上公司的规模太小，很容易就会被财务风险压倒，很多小的财务风险都会随着时间的推移而逐渐演变成无法控制的大问题，甚至会导致公司倒闭。企业数字化转型，有利于对财务数据进行采集、处理和分析，事前预算控制可以提高财务风险管理的准确性。因此，企业应通过构建数字财务风险管理系统，实现财务管理从核算到价值方向的转变，加强对财务管理的全过程控制，有效地挖掘数据的价值，及时发现和识别财务风险，并通过数据分析，制定出最优的防范措施，以减少财务损失，保障公司利益最大化。

2. 打造信息沟通融合的财务系统

在过去的企业经营模式中，各种工作、业务数据与财务数据之间存在一定的不一致性，造成了整个运营系统的复杂性和工作的低效性，同时由于缺乏有效的沟通而产生了财务危机。这一问题的根源在于，企业的业务数据不能通过信息化的渠道输入财务管理系统中，而是分散开来的，各单位各自为政，缺乏及时高效的数据信息沟通和交流，只是按照常规的程序进行简单的信息交流，导致数据传输速度过慢，很可能出现数据错误的现象。在进行下一步计划和结账的过程中，只有通过财务部门的审计和分析才能做出评价，而实际的交易和收入往往会被篡改，失去其真实性。而当外部的因素介入、干涉时，则会导致系统的畸变和工作效率降低。通过对企业进行统一的运营和管理，可以减少运营费用，提高工作效益，同时也可以防止因传输过程过于复杂而造成数据扭曲。

在信息化快速发展的今天，财务管理数字化转型的一个最大优点就是可以促进资源的共享。资源共享既能实现各个部门的快捷、精确的数据连接，又能让总部与下属子公司之间的沟通更为迅速、便捷，便于企业的经营，同时也能保证财务数据的真实性，降低数据传输时造成的数据失真情况。

3. 创新财务部门人力资源布局

在传统的企业运营模式中，会计从业人员的主要工作任务是收集数据和相关信息，然后再依据各自的工作内容进行分析，这样的工作方式过于单一，不能准确地把握公司的发展方向，也不能对市场动态进行及时的分析和调整。所以，在数据化经济飞速发展的时代，财务部门在做好数据采集工作的同时，要对公司的运营审时度势，通过对财务数据的综合统计，判断公司的运营状况是不是出现了有利的发展。在对财会工作的员工进行评价时，经常会将其所涉及的行业纳入评价要素之中，因此，在合适的职位上合理地安排专业的人才显得尤为重要。在数字经济社会的转型时期，不仅需要会计从业人员具有基本的职业技能，还要能够对企业中的各方面数据进行审查，并能够对自身所掌握的信息进行及时、高效的评估。

此外，公司内的其他人员必须具备财务分析与长期的发展眼光，能够站在自己的位置，对公司的财政状况进行剖析，提高工作效率，与各相关单位进行合理化协作，对未来的发展趋势进行预测，适时、高效地提供意见，挖掘数据的价值，从而在公司整体的竞争中抢占优势。所以，在招聘员工时，要从内部甄别专业的理财经理，强化公司内部的训练，对员工的观察与分析进行经常性的评估，引入高级的管理制度和优秀的领导层，将信息技术与财务管理有机地融合起来，以增强公司的财务风险防范，让公司步入健康发展之路。

三、不断完善内部控制体系

(一) 财务控制的基本理论

传统的财务控制是指企业财务主体对财务制度、财务计划、财务指标等方面进行财务监督，以达到财务计划和管理的目的。财务控制是财务管理的一个小分支，财务控制与财务预测、财务决策、财务分析和评估相结合共同构成财务管理体系。但是，随着我国市场经济的发展，财务管理的环境也在不断发生改变，财务管理的范围也在不断扩展，以往的财务控制理念已经有些狭窄了。

1. 财务控制的主体和客体

在现代企业制度中，董事会是由公司的股东代表选举出来的，它对公司的经营和财务管理有很大的影响，因此，公司的财务控制主要由董事会决定。事实上，由于公司具有多层次的代理关系，财务管理已经不仅仅是一个财务部门的问题，它已经成为一个以董事会为核心的各个层面运营相关方共同参与的工作。各个层次运营相关方所控制的内容都是财务控制的对象。财务控制主体具有多重层级性，财务控制主体常常是财务管理者、员工等上一层级的控制对象。财务管理的对象也包括资金、技术、人力资源、现金流量等多种财务关系和财务资源。

2. 财务控制的目标

根据现代企业的基本理论，企业是一个由众多利益相关方构成的合同型组织，其目的是寻求最大的利润。企业的财务控制目标是服从和服务于企业发展的目标。财务控制是企业实施全面价值管理的一个重要环节，它是企业资源整合、优化，节约资源，提升资源利用率，提升企业生产运营效率，实现企业目标、企业价值与利润分配的调和剂。

3. 财务控制的内容

按照控制发生的先后时间次序，财务控制分为事前财务控制、事中财务控制、事后财务控制。事前财务控制指的是公司内部的财务环境调控。企业财务内部控制是指企业组织结构、企业文化、人力资源等多种因素的综合作用。企业的组织结构是企业内部各种功能有效运行的关键所在。企业文化包含了财务管理理念、价值观等方面的内容。事中财务控制是指在经营活动中，对经营活动的控制和调节，包括对经营活动中资金流动的控制等。对经济活动及时、详细、准确、完整地描述、记录，并根据具体的业务分类、发生的时间，将经济活动的货币价值记载在财务报表中。建立财务核算体系，以反映公司经营活动的进度，并对公司的财务状况进行披露。事后财务控制主要包括对公司的内部审计与监管。审计控制就是重新监管会计制度。内部财务审计是一个独立的组织，它的目的是更好地理解所确立的准则是否能够合理地使用资源、是否符合既定的财务管理流程、是否满足公司的期望目标。内部审计的范围很广，通常包含了财务审计和业务管理审计两部分。内部审计是一种行之有效的会计控制方法，它对会计信息的真实性和完整性具有重要的研究意义。

4. 财务控制的程序

财务控制是一种以价值形态为基础的内在过程和步骤经济调控手段，对企业的整体经济经营进行控制。首先是建立财务管理目标，如公司发展目标、股东利益等。对目标进行确定后，就需要将几个可操作的控制指标进行分解。完成财务控制前期准备工作以后，就需要对调控指令、反馈指令以及执行指令等财务控制措施进行执行。接下来就是检查和校正财务控制的结果，并对比和分析指令的执行情况和预期指标，从而更加准确地对公司的经济活动效果进行分析。针对存在的偏差，分析了在实施过程和步骤中可能产生的变化因素，正确地发现问题并加以改正。

5. 财务控制的假设

财务控制假设是对财务管理制度进行深入探讨的基础，它是根据公司发展的客观条件和内在规律进行的，具有一定的实践基础。财务控制无法脱离上述假设而独立执行，像人性复杂假设、不串通假设以及可控性假设等都会影响企业的财务控制。

可控性假设是指在金财务控制对象的控制过程中，如果不能对其进行有效控制，那么财务控制就会变得毫无意义。只有具有可控性的目标，才能被纳入财务控制系统。人性复杂性假设与“性恶论”相似，它假设人类的本性是复杂的，社会中每个人都有其自身的需求和愿望，人性复杂性假设如果成立，并受到外界环境的变化而产生变化。它的制约与激励才是可行的。不串通假设是指不兼容的职位在私底下不能互相勾结。财务管理的先决条件是要使不相容的职位分开，使之相互制约、约束，避免个人产生违法违规行为还不被发现。如果有两个以上的人相互勾结，就不能形成内部的制约，财政控制就会失效。

（二）规范财务运作过程

1. 合理分配职务权限

首先，公司要明确不兼容的职务，保证不兼容的职务可以互相监督，形成财务内部的制约机制。如业务经办岗位、财务保管岗位、核准岗位、监督检查岗位等都属于不相容职务，不能由同一人承担两个或两个以上的岗位，这样就不容易出现舞弊且可以进行掩盖而不被发现的风险。其次，企业财务结构要适当地集中和分散，实现权力、责任和利益的平衡。要对公司财务管理的职责和位置予以明确，适当地给予财务管理人员一定的权限，这样才能确保公司运作的高效性。适当的委任能降低不需要的交叉管理，避免管理者滥用权力。比如，如果只是一笔小数目的费用，那么签订一份重要的合同，就必须要经过总经理或者有权限的人来批准。公司的权力划分，要写在公司的章程上，必要的时候，也要在公司内部传阅。定期评价和修改授权的审批，以防止财务上的漏洞和缺陷。

2. 改进资金管理制度

为了保护公司的总体利益，必须加强对资本流动的控制，促进财务绩效和财务报告可信度的不断提升，从而避免投资决策失误，确保公司利益不被损害，高效地利用公司资源。

（1）加强财务预算控制。财务预算控制是企业规划和管理未来发展的一种方法，它决定了企业的财务控制目标和方向。财务管理部门应该根据公司的总体目标，结合公司的资源配置能力和以往的生产运行情况，对预算期的市场环境进行深入分析，通过对各部门在未来一段时期内的资金使用情况进行科学预测，并进行相应的协调，使公司的生产经营活动步上正轨。

第一，编制财务预算报告。在我国，为确保预算和实际情况的一致性，企业往往会采取结合短期预算、中期预算和长期预算的方式来进行平衡，其预算主要由原材料采购、利润分配、产品库存及现金流量等组成。预算部门要根据领导提出的财务目标和各个单位的工作计划等，合理确定资金分配平衡点，并合理安排各项预算，防止出现过多或过少的情况。在正式的预算计划前，必须由董事会或股东会议批准方可通过。

第二，财务预算的执行。预算控制功能的实现，首先要做好预算的编制工作，其次要落实各项预算。上至董事会、经理、管理层，下到各个部门和各个员工，都要明确自己的职责和义务，在各自的权限范围内落实各项预算，从而全面有效地控制公司各种经营活动的支出。

财务预算计划一旦发布，就会产生法律效果。公司的预算主管机关将年度预算分至各个部门，各部门按季度、月份进行预算控制，以促进全年分期预算目标的顺利实现。有关部门只能审批财务预算拨款，至于其他的经费，应交于集体审核方能实施，这样就有效避免了预算外资金的流失。

预算管理部门要对各部门的预算执行情况进行了解和掌握，同时还要起到一定的反馈和监测作用，对出现的问题进行全面客观的分析，并采取相应的措施，防止连锁效应导致的经济规模扩大。

(2) 加强资金收付控制。要保证资金的有效流通，必须对资金的流向进行实时监测，为了保证资金的高效运转，并对其进行及时核对，保证公司的正常运行，以确保企业资金的安全。

首先，在资金运用管理方面，要加强销售、采购、工程项目等各个环节的管理力度，对业务工作流程予以规范，从而让各项业务都有章可循、按章办事，避免业务管理出现大的失误，并确保资金使用的安全性。同时，根据企业的具体情况，公司的财务部门需要制定信贷限额，以减少交易风险。

其次，要对公司的资金结算方式予以规范，公司的资金收付要按规章制度执行，这对于公司资金流动性的提升也是很有益处的。特别是在信贷期限内，对应收账款和应付账款实行“早收晚付”。对资金的统一调配要严格根据预算规定执行，确保资金及时到位和合理利用。

最后，要建立经费的审批机制。严格控制资金的使用情况，保证每一笔钱都能用在正确的地方。加强对发票报销流程的审查，特别是对使用虚假发票、不明确发票、乱收费的现象进行严格监管，确保公司的利益。要严格控制财务制度，特别是针对资金进出等业务，必须按照审核权限、收支条件等严格执行，避免舞弊行为的产生。

3. 加大财务成本控制

(1) 全员控制。全员控制是指公司从经理到职员都要树立成本管理的意识。企业在进行成本控制时，要从企业经营的角度考虑，既要追求产品的品质，又要从管理的角度来考虑成本的控制，提高企业的效益。企业应及时、全面地向员工提供各种成本构成因素的变化情况，以增强企业的成本管理意识，培养员工的综合素质。

(2) 全过程控制。全过程控制是指对与财务有关的各个环节进行监控，从设计到原料的购买，从生产到销售，都要在预算业绩报告中体现出来，发现其中的问题和不足。利用改善工艺的手法来降低材料损耗，提升材料的使用率，降低单位产品的固定费用比例；创新工作流程，降低单位产品的人工成本，并可以通过创新市场营销手段来促进产品销量的提升，降低市场成本。此外，公司还应该制订有效的运营计划，对市场供求变化予以了解和掌握，从而可以对订购计划进行优化，确保库存数量的合理化，科学合理地流动，加强对物流运行的自动化监测，减少库存费用，防止存货减值而产生经济损失。

（三）注重财务审计监督

财务审计控制就是对企业内部财务控制的实施进行检查，对其有效性进行评估，发现问题并进行及时整改。对财务审计进行有效的监管和控制，同时要规范会计工作，提高财务报表的可信度，促进公司治理工作的顺利进行。此外，要严格问责。对于违反财务纪律的财务管理人员，应当按照其后果的严重程度，处理也要遵循公平、公正的原则，这样才能让财务监察具有更强的权威性。最后，要基于财务审计监督报告来定期地自我评价公司的财务控制实施状况，并以书面形式对其进行风险评估，以加强公司的财务管理，提升公司的经营效益，从而达到公司发展的目的。审计机关要加强对财务管理各个环节的审计和监察。定期监测公司的日常财务控制，对业务流程和经营活动进行重大调整和变动的一项或多项专项稽查。在对企业经营活动进行风险评估的基础上，对日常监管的有效性进行有效评价。要健全通报制度，及时通报、反馈问题，督促有关单位限期整改。对存在的问题进行监督回访，及时跟踪、监督、审计自评报告，并妥善保存和执行财务控制的档案、数据管理，以保证财务控制全过程的有效发展。

1. 财务报表审计

财务报表审计是指在日常的财务报表工作中，除了要对诸如会计凭证、账册等进行细致的错误审查，还要对公司的基本经济情况进行审核，以确定其公允性。审核公司的会计报告是否存在舞弊，审计内容包括财务报表的真实性和附注中披露的信息质量。另外，要纵向对比各期财务报表，关注先后报表之间的关系，从而对报告的真实性进行核实。

2. 业务经营审计

业务经营审计，即根据公司设立的财务控制目标，在一定时间内对公司的经营活动进行审计，从而发现公司财务管理中存在的缺陷，并对其进行改进。例如企业在原材料的购买上，大量的采购会降低成本价格，但是也会提高库存的成本，从而压缩资本；若采购数量较小，则物料单位价格则会上涨。所以，在购买之前，必须要有一个合适的采购量。通过对采购、生产环节的进一步审核，可以确定采购计划的合理性、库存积压、库存资源的浪费情况，从而降低企业的生产成本。

3. 风险审计

尽管风险并不只限于财务管理领域，但是公司的一切风险都反映在财务报告和经营活动中。企业的财务风险一旦失控，必然会造成财务报告与经营活动的漏洞，从而引发企业的经营危机。所以，必须加强企业的财务风险评价，以防止企业发生财务危机和经营危机。

(1) 增强风险意识。企业要加强风险管理的意识，加强员工的风险识别能力，加强员工的风险分析和防范意识。同时，企业要在风险观念、风险控制、风险管理等方面建立起一种专业的风险控制环境，以加强企业的风险防范意识，建立稳定健康的风险管理文化。

(2) 风险识别与评估。公司进行财务控制是基于财务风险评估进行的，因此要利用评估、风险辨识等方式，来为公司进行全面、详细的财务风险分析打下坚实的基础。企业承担风险的能力主要是指公司的总体风险承受力以及各个业务部门可以接受的风险程度。进行风险评估和辨识时，主要需要考虑的是管理、技术创新、财务管理和人力资源等各个层面的条件。例如，在人力资源领域，主要是对管理人员的职业道德、业务人员的专业素质进行评估，在管理层面，主要是防范和评估资产管理、业务流程及经营方式等各个环节的风险。

(3) 风险分析。公司基于财务管理业绩评价的结果，根据风险发生的可能性和影响程度，要评估识别出来的风险，并确定各项风险的等级，有重点、有针对性地进行风险控制，并从中发现不确定的因素，从而得出不同的对策所产生的经济效应。企业在进行风险分析时，必须配备足够的专业人才，建立风险分析团队，严格按照流程和规范进行分析，以保证分析结果的客观性和准确性。

(4) 风险应对。风险的处理方法主要有四种：规避、降低、分担和承受。在风险分析的基础上，在进行风险评估时，要对风险的承受力进行综合考虑，在成本一效益原则的指导下，对风险和回报的投入产出比率进行衡量，并采取相应的对策，以达到最大限度的风险控制属性。为避免因个体风险偏好差异而造成的经营亏损，企业在制定风险对策时，必须准确把握公司高管及其关键岗位员工的风险偏好，要对控制方式予以合理选择，从而获得员工的支持和配合。

(四) 建立激励约束机制

公司财务控制目标的实现需要管理者、财务专业人员、经营主体的参与，财务管理人员的素质、行为方式、工作的主观能动性等都会对财务控制目标的实现产生不同的影响。员工的工作热情也是由企业的物质激励和非物质激励方式、程度等因素决定的。

1. 建立激励约束机制应遵循的原则

财务管理目的的实现需要管理者、财务专业人员和经营主体的共同努力，财务管理者的素质、行为方式以及工作的主观能动性都会对财务管理的实现起到一定的促进作用。员工的工作积极性受物质激励、物质激励方式、激励程度等因素影响，因此财务部门要加强企业权力的下放和使用。

要加强企业员工物质和心理上的双重奖励。要使雇员获得长久、高效的动力，仅仅依赖于纯粹的物质福利和纯粹的道义支持是远远不够的，必须同时进行。要做到体制制约与竞争制约相辅相成。弱肉强食，适者生存，只有通过规范的制度体系才能加以限制，增强危机意识和竞争意识，才能产生更好的激励效果。

2. 建立良好的绩效考评系统

良好的业绩考核系统能够体现企业的工作能力和对企业的贡献，能够有效地预防虚假、虚报成本等不良现象，并作为企业对职工进行薪酬管理的基础。

绩效考核通常包含考核目标的确定、考核制度的制定以及考核工作的绩效考核。在企业的内部控制中，绩效考核是一个重要的环节，它可以让公司的管理者对企业的经营状况有一个比较详尽的了解，同时也可以为企业后续的财务激励政策的执行打下坚实的基础。考核的对象是公司的各个部门以及组织，甚至是所有的工作人员。在绩效评估中，评估的目标是企业的盈利能力、偿债能力、运营能力和发展能力。但实际上，在进行绩效评估时，必须考虑到非财务因素的影响。企业的主要绩效评估包括市场份额、顾客满意、技术人员的技术革新等。

公司各部门财务管理人员必须签署目标责任书，明确企业的总销售目标和分目标、应收账款回收率、应收账款坏账率、净利润目标等。绩效考核既要进行事中控制，又要进行事后控制，这就是在期末与各部门签署的任务责任状相挂钩的基础上，对各部门的绩效进行有效评估。

3. 建立薪酬激励机制

在建立薪酬制度的过程中，应将绩效评价与报酬分配的关系有机统一起来，并尽可能地平衡薪酬安排与员工贡献之间的关系，力求在追求效益的前提下实现最大限度的公平。在企业的薪酬体系中，既要实现内部的合理性，又要实现企业外部的竞争性和吸引力。雇员所获得的薪酬，既是付出劳动的报酬，也是对其个人的一种评价；既是对以往工作的一种认可，也是对今后工作的一种激励。工资不仅是企业对雇员创造利益的肯定，更是对其本身价值和未来的肯定。因此，薪资不仅仅是工资，还有企业为员工缴纳的保险和年金等各项福利。

而从另一个角度来看，雇员对工资差异的关注程度要比工资高，但不同工作岗位和工作能力的差异也不可避免地会带来薪资差距。如果没有一个合适的工资分配，那么员工的工作积极性会大受打击，从而降低工作效率，并可能出现辞职、跳槽等。而公司面临着技术和业务秘密被泄露的风险。在工资的经营上，应该提倡“先进”和“公正”原则。而做到这两点，就需要定量评价各个岗位。

第六章　财务智能化转型与应用创新研究

第一节　人工智能与企业财务管理

在信息化时代下，企业管理者需要清楚财务智能化是企业顺应时代潮流的必然趋势。管理者需要加大人工智能在财务管理中的应用力度，构建智能财务管理系统。该系统以智能管理会计平台和财务共享平台为基础，是财务管理者开展财务数据分析的主要工具。财务机器人通过相关平台，拥有较强的计算能力，可以按照流程快速处理数据，完成财务决策，使财务工作高效进行。

一、人工智能概述

(一) 人工智能

智能包含转换信息、获取信息、形成方案、运用知识、解决问题，体现为一种能力。人工智能技术在20世纪中期提出，经过几十年的发展，人工智能技术已经应用到实际活动中。人工智能依托现代科学技术，模仿人类思考模式并开展活动，在设定的问题、约束、目标基础上，可以流程化、系统化地进行转化、运用、学习等，由此处理实际问题。人工智能涵盖数理逻辑、迷糊数学、管理学、计算机科学、物理论、信息论、哲学、语言学等诸多学科，是一门综合性极强的技术。在财务管理领域，人工智能已经取得不少的成果，财务机器人面世，也是财务管理体系不断完善的体现。通过智能化会计信息的应用，可以为企业开展活动提供较为可靠、合理的信息，利于企业做出正确的决策。

（二）人工智能发展

人工智能理论出现到今天，经历几个发展阶段。在20世纪50年代，人工神经元模型首次被提出来，学者唐纳德·海布通过研究人工神经元模型，对其有更深的了解并给出创新规则，在随后的一年出现了第一台神经元计算机，由此出现人工智能雏形，为后期技术发展奠定基石；在20世纪50年代到60年代初期，美国科学家在人工智能方面收集数据并进行深刻讨论，经过一段时间的发展后由麦卡锡提出人工智能的概念。经过多领域科学家的共同讨论，人工智能在学术领域流传，更多学者参与人工智能的研究，产生了许多新的成果；在20世纪60年代到80年代，人工智能的发展迟缓，学者在人工智能应用期间偏重符合逻辑与形式推理，过度强调相关内容。大部分学者未关注问题领域信息，不重视信息的应用。在20世纪后半叶，人工智能技术初具雏形，但是在应用中不能很好地解决实际问题，技术的应用范围较为狭窄。直至Hitch下棋系统出现，才改变了此种局面。该系统在国际象棋锦标赛胜出，侧面显示了人工智能技术在应用中的价值，人工智能技术逐渐复苏；20世纪80年代后，各领域专家基于用户对人工智能技术的需求，研究人工智能技术，改进人工智能技术体系。如今人工智能技术在各行业均有应用，与人类经济社会关联密切，对人们生活、生产、学习有不小的影响，但其仍存在很多不足，需要相关领域人员持续推进研究工作，以提高技术在具体实践中的应用效果。

二、人工智能对企业财务管理的影响

行业发展期间应用人工智能，可以减轻员工的工作负担，也是企业适应时代必须推进的工作。企业需要在发展中认识到人工智能在财务管理方面的作用，积极地应用人工智能，构建科学的财务管理体系，确保各项工作按照流程推进。

（一）提升财务人员风险预警能力

财务活动在运行中存在风险，财务管理人员需要认识到财务风险时刻存在于财务活动的事实，拥有风险防控能力并关注财务活动运行期间风险变化情况。基于风险分析，在风险未对财务活动形成危害时，及时进行控制。当下不少企业在活动运营期间，自身并未设置风险预警机制，没有随着业务活动进行风险控制，难以快速发现财务信息的风险隐患，不能及时采用合理手段进行风险控制。人工智能技术在财务活动中，动态监测活动。企业在财务风险管理方面，依托系统整理财务数据，建立风险保障机制，分析活动中各类风险的数据值，找到所有潜藏的问题并给出预防方案。企业财务管理者通过人工智能建立的风险模型，掌握内部财务活动运行情况，编制合理的方案，在活动运行中进行有效干预，为企业活动运营提供条件。

(二) 借助人工智能技术提升管理

财务管理在内部控制中占据较为重要的位置，确保工作按照企业对财务工作提出的要求，顺应财务发展方向推进财务活动。企业应该研究财务活动运行需求，调整工作开展方式，顺利实施战略计划。企业应该关注财务管控工作的开展情况，确定财务管理目标，基于企业发展和财务管理的关系，推进财务管理工作。随着财务活动的运行，财务管理人员整理财务信息，利于财务决策工作的开展。

企业开展财务管理活动时，依靠人工智能技术，借助数据软件连接企业过去财务管理链条。在管理阶段做好价值信息的采集、应用、记录，调整管控模式，借助数据技术处理财务信息，让财务管理活动高效推进。管理层级需要确定人员名单，清楚岗位在职人员是否具备完成任务的能力，合理设定财务管理人员。在企业发展中，财务管理在管理体系中较为重要，会计在财务管理中居于核心位置，需要选择拥有责任意识且专业能力强的人员开展工作，确保财务工作按照要求推进。管理者应该明确财务会计承担的职责，会计在企业运营发展中，负责财务数据整理、分析等职责，会计使用人工智能技术可以更好地完成岗位任务，向管理人员提供财务报告，利于企业管理层掌握内部运营情况。

(三) 提升了处理会计信息的质量

在信息化时代，企业财务数据朝着复杂化方向发展，财务信息内容极为复杂，仅由财务人员处理数据，会花费大量的时间，同时不能保证数据内容的正确性，也不能有效利用信息归纳活动出现的问题。人工智能系统应用到财务领域中，可以在较短的时间内帮助财务人员快速处理财务数据，完成财务管理任务。财务管理人员使用人工智能技术，可以快速整理企业在某段时间内的所有数据，快速分析数据并给出企业财务分析报告，判断企业财务风险类型。清楚风险种类与更为详细的信息，可以编制具备针对性的处理方案。人工智能技术应用到财务领域后，一般会随着应用设置一定数量的模板，不同模板存储对应的信息。将数据与标准进行比较，判断企业财务运行情况。企业依托模型创建数据模板，结合实践数据变动模型参数，提高模型在企业财务状况分析值的准确性，对活动进行适当的干预，提高活动运营的安全性。

企业在财务管理领域使用人工智能，建立财务数据分析模型，可以快速处理财务数据，提高财务会计信息的整体质量。企业过往通过人力整理财务数据的方式，存在较多弊端，工作效率低，人为因素带来的不确定性因素多，这些会影响到财务信息的可信度。财务会计数据是管理者评估企业发展状况的主要依据，在人工智能技术的辅助下，通过系统处理财务信息，规避财务舞弊情况，使财会信息处理可以高效进行。

三、人工智能在企业财务管理中的应用分析

(一) 财务数据核算

在信息网络时代下，企业经济活动运行阶段会产生大量的财务数据。在此过程中，财务人员如果不能采用信息技术推进数据收集、处理等工作，将会承担较大的工作负荷，无法在规定时间内完成任务。财务信息快速增长，如果工作人员使用过往的手段处理财务信息，不能保证数据处理的及时性、处理信息的准确性，不利于决策工作的开展。财务工作较为复杂，工作任务量庞大，企业引入人工智能，为财务管理人员服务。在该技术的作用下，财务管理人员可以更好地开展数据采集、分析等工作，减轻财务管理人员在数据处理方面的压力。通过人工智能的应用，还可以替代大量人力，节省企业在人工方面的成本。人工智能已成为企业高效推进工作的有力手段，企业通过人工智能依托先进算法，完成财务数据核算任务，即便是复杂的数

据，也可以在短时间内完成类型划分、数据核算等工作。当下企业在财务活动中使用人工智能，自动导入银行入账单，在短时间内进行对账工作，在网上报销业务流程，打印对账单。

（二）运营情况预测

过往企业在财务管理阶段，主要依靠财务人员推进工作。财务人员的数据核算能力以及工作经验，成为预测企业运营活动未来发展情况的主要依据。如果财务人员工作经验不足、核算的数据并不全面，会影响到预测结果的可靠性，难以通过预测结果反映企业未来经营的大体情况，使管理者在决策时做出误判，对企业造成不小的经济损失。在人工智能出现后，企业财务部门依托该项技术推进财务管理工作，可以更好地整理财务信息，处理财务数据，基于相关数据进行分析和预测，判断企业经营活动在未来某一时段的开展情况。人工智能的应用，为财务管理人员预测企业经营情况提供较大帮助。人工智能可以收集财务管理人员指定经济活动范围的数据，快速找到数据的价值内容，进行全角度、全方位的考量与评判，提高企业经营活动分析结果的准确性。以企业估算某项目利润为例，财务管理人员在活动中，如果没有使用人工智能，会依靠自身经验与财务核算结果，评估项目的利润。人工智能应用在项目利润预估时，可以通过智能分析模式与数据核算功能，处理项目的各项数据，推断企业可从项目中获得的利润。依靠相关方法，可以使预测利润金额贴合实际值，利于企业对项目进行成本管理与风险控制，可以降低企业在风险控制方面的成本。

（三）财务系统管理

人工智能通过计算机模拟人的思维，做出动作。企业在发展阶段，为了更好地提高财务管理水平，引入人工智能，围绕自身战略决策与财务计划，使用人工智能输入工作数据，模拟财务计划与战略决策的实施情况。会计人员可以按照管理人员要求，结合企业概况建立虚拟环境，推测经营活动在未来某时段的情况。企业决策需要建立在全面、可靠的数据基础上进行，保证决策的可靠性。管理者做出决策，必须考虑到未来运营可能遇到的问题，权衡利弊得失，提出较为可靠的决策方案。按照该决策方案落实活动，不会轻易出现工作偏离设定发展轨道的情况。在财务系统管理期间，财务管理人员会增设风险预警模块，利用人工智能处理财务专业经验与财务信息等数据，给出评估报告。财务管理人员可以通过评估报告，结合企业运营情况，快速发现风险隐患并进行控制。

四、人工智能对企业财务管理发展方向的展望

人工智能技术的应用领域不断扩张，企业财务管理引入人工智能，是企业强化财务管理能力的有效手段。基于企业财务管理的发展情况，未来财务智能成为主要潮流。在人工智能技术的应用下，可以革新财务流程，促使财务活动在流程化管理下安全、稳定运行。财务流程的前端、中端与后端，分别包括财务数据智能应用、财务决策和各类财务交易的分析、全程监督风险并进行防控。

企业需要转变财务管理方式，将财务和业务联系起来，建立财务共享服务平台，收集业务活动运行数据，为企业开展活动服务。在业务活动开展前，企业必须按照确定好的财务制度、审批流程、财务标准、财务预算等，在事前完成审批任务，确保业务在开始时有充裕资金作为支撑。在业务活动运行期间，需要全程记录工作数据，锁定资金流向，按照要求进行合理控制。

我国企业在财务管理期间，先后引入人工智能，推进财务智能化应用。在此过程中，建立业务处理系统、信息管理系统，确保活动按照流程推进。然而，部分财务信息较为机密，同时各部门的职责不同，无法在业务活动运行中做好资源与信息共享。财务人员在此种情况下，难以及时掌握各流程的详细信息，影响到人工智能在财务活动中的使用效果。

在市场经济环境日益复杂化的背景下，企业推进财务智能化，使用云计算、大数据与其他数据分析软件，建立数据分析模型。财务管理人员基于数据思维角度，研究问题并配置资源，做好风险预防工作，不会使企业陷入窘迫的境地。在智能财务时代，财务部门的工作人员必须跳出传统思维，依托区块链、大数据等技术，收集财务会计信息并进行深度分析，找到关键内容，按照业务部门需求提供信息，为管理者决策服务。此外，财务部门需要与业务部门交互信息，按照业务部门活动开展需求，编制个性化的分析报告，为内部各部门决策提供参考数据。

第二节　大数据环境下的财务智能化转型

一、财务智能化概述

(一) 财务智能化内涵

财务智能化是基于海量财务信息数据与数字智能技术，针对传统企业财务管理流程与核算模式建立的数字智能模型，能对企业财务活动的全部流程实现智能化管理。企业财务智能化就是将财务管理流程模型化，依靠数字智能技术将财务数据导入数据仓储，使用数据仓储存储财务数据，依靠数字财务管理模型对数据仓储中的财务数据进行分析、归纳、汇总，进而形成企业的财务报告，为企业经营决策的制定提供参考。企业财务智能化建设能进一步提高企业财务信息数据的使用效率，改变企业传统的决策管理流程，优化企业的管理组织架构，为企业经营提供辅助决策。大数据技术在企业财务智能化建设的应用，还能对企业生产经营过程产生的海量财务信息数据进一步收集、归纳、清洗、分析、聚类、归纳，通过构建数字化财务监测系统对企业的财务管理活动实时监测，使企业的财务管理、财务核算、财务决策实现智能运行。

(二) 财务智能化特征

从目前企业智能化发展应用趋势来看，企业财务智能化以海量的财务信息数据为驱动，根据智能财务管理模型实现财务活动的动态化管理。这也就反映出企业财务智能化具有以下三个方面特点。

1. 以智能化理念为导向

企业财务智能化是依靠“大智移物”技术代替传统人工管理的新型财务管理模式，要以“互联网 +”思维、“大数据思维”、“智能化管理理念”为引导，针对企业的财务管理流程进行数字化改造，将智能技术融入企业财务管理的不同环节、不同步骤，实现企业财务智能化建设目标。

2. 以财务信息数据为基础

数字智能时代，海量财务信息数据是企业具有更强竞争力、适应力、决策力、洞察发现力来适应快速迭代市场环境与多样化社会情景的高价值信息资产，财务智能化建设需要以海量财务信息数据为基础，通过获取、存储、清洗、分析、归类构建高价值的信息数据集合，为企业经营决策提供全视域的支持。

3. 以智能技术为中心架构

企业财务智能化是依靠大数据、人工智能、物联网、云计算等智能技术建立的智能化财务管理模式，财务信息数据采集整理、财务智能化管理模型搭建及财务决策信息的共享发布都离不开智能技术的支持。因此，只有将智能技术作为财务智能化建设的核心框架，才能推进企业实现财务智能化管理目标。

（三）财务智能化发展趋势

随着以大数据为代表的新兴智能技术应用体系逐步完善，赋予企业财务管理全新“智慧”，企业财务具有了“数据智能”与“数字机能”，企业的财务管理、财务决策、财务预测、财务风险防控及企业的成本核算管控在智能数字模型、数据算法的支持下具有了更强大的决策分析与预测洞察能力，大数据环境下的企业财务智能高效采集财务信息数据，依靠更加智能与精准的财务管理模型对财务信息数据进行科学化处理与运算，企业出于财务管理需求，引入的智能财务机器人系统能对企业管理的全流程进行动态监控，对财务运行的全周期实现智能化管理，尤其是依靠大数据技术构建起的智能化财务管理系统可以有效打通财务、业务、税务及资金流转之间的制度束缚和信息壁垒，促进企业经营管理信息在不同的流程环节间流通。在当前大数据环境下，智能技术与企业财务系统的多元融合使财务管理实现全流程动态化管控，企业财务管理模式正在从数字化、信息化向共享化、智能化转变。

二、大数据对企业财务智能化建设的积极作用

（一）拓展了财务活动的时空范围

大数据环境中企业的业务范围快速扩大，打破了原有的时空限制，快速更新的业务环境与各类结构性财务数据信息的快速增长给企业财务管理

工作提出了新的要求。相对于传统的财务工作，大数据引导下的财务智能化建设使财务运转模式形成了统一的标准化流程，这也促进企业财务工作面临着大量临时性财务交付需求，企业在进一步提高效率与能力的同时，也使企业财务工作面临着巨大的效率差。同时，大数据环境下财务智能化进一步扩大了企业财务工作范围，“云”办公、“云”共享的出现对企业的业务范畴能不断切换与更新，工作内容与形式变得更加多样，企业需要应对更多错综复杂的业务核算问题。依托智能化财务系统，企业能够在不同的场景与环境下高效进行合同处理、电子公章申请续签、发票开具等财务管理活动，财务工作时空范围得到进一步拓展。

（二）推进财务管理流程革新

企业传统的财务管理模式是按照固定的审批流程对财务风险管控，虽然审批环节层层相扣，形成了严密的风险防护体系，但中间环节过多的人为干预使企业的财务管理效率不断降低。大数据环境下的财务智能化依靠数字虚拟空间开展业务，随着众多财务智能管理系统的应用，企业业务流程、供应链与财务管理活动联系得更加紧密，财务审批流程不断缩减，财务审批更加便捷，并能针对企业不同的业务自动匹配流程，形成了完善的审批链，有效降低了沟通成本，促进企业财务管理流程革新。

（三）减少财务人员核算工作压力

大数据环境下企业财务智能化建设使企业内部形成了标准化、智能化的财务管理模式，传统视域下需要大量依靠财务人员开展的基础性财务核算工作被人工智能系统取代，以往需要财务管理人员提供的财务信息查询工作、财务汇编工作及财务总结报告也由智能财务机器人替代，财务工作由人工模式转向智能模式，减小财务人员核算工作压力，使财务人员有更多时间与精力用于财务智能系统管理，针对企业的财务运转动态监控。

三、大数据环境下企业财务智能化转型路径

(一) 战略重视

大数据环境下的企业财务智能化转型必须与企业的未来发展战略紧密贴合，要将财务智能化建设作为一项重要战略列入企业的未来发展规划中，尤其要重视从近期规划、中期规划、远期规划的不同阶段融入财务智能化转型目标，从战略全局角度推进财务智能化转型。通过融入大数据技术打造智能化财务运营管理体系，在企业战略层面融入更多的智能化决策场景，使企业财务工作在不同战略周期可持续发展。同时，在企业财务智能化发展战略的带动下，企业内部的财务职能也需要集成化建设，通过梳理标准化端口、整合各类系统，打造覆盖企业各业务维度的数字网络系统，使企业内部各个部门能高效地进行资源共享，构建大数据环境下智能化财务管理模式，推进企业财务综合管理能力提升。

(二) 资源保障

大数据环境下企业财务智能化转型还需要保障相关资源投入，需要完善智能化基础设施建设、财务资源整合与人才队伍搭建。首先，企业在将财务智能化作为企业未来发展战略后，要根据自身的未来发展目标投入资金，通过采购数字终端、智能信息系统与智能财务管理机器人，使企业财务管理各个流程、各个环节都能形成紧密衔接的智能网络系统，高效处理企业财务。其次，企业要全面重视财务资源的整合，通过构建业财联动的财务管理机制对企业经营管理各个流程、各个环节财务信息资源全面收集与共享，依靠机器人流程自动化（Robotic Process Automation，RPA）和智慧化财务共享中心建设实现财务资源高效管理。最后，企业要强化财务管理人力资源建设，通过建立完善的人才招聘体系，引入具有专业信息化素养与大数据管理能力的复合型人才，使企业财务管理人才队伍得到扩充。同时，企业也要加强现有财务人员培训，通过开展种类多样、形式丰富的培训活动帮助财务人员掌握财务智能化管理技能，使财务管理人员素质得到提升。

(三) 理念转变

大数据环境下企业财务人员要转变理念，树立“大数据思维”“智能＋思维”，深刻认识到企业财务智能化这种发展趋势，能够突破自我发展束缚，积极学习，主动寻求突破，提升自身的业务水平与综合能力。主要从以下三个方面寻求转变。

1. 从偏重财务知识向注重综合能力转变

当前包括大数据、云计算、数字通信、人工智能等数字智能技术已全面融入企业财务智能化建设中，推进企业向财务智能化转型需要财务管理人员树立新技术学习意识，从注重财务知识学习向综合能力建设转变。财务工作人员要了解现代企业财务知识，积极学习大数据、人工智能、智能财务管理系统操作等方面的技能知识，了解最前沿的信息网络技术动态，并对企业财务智能系统的组成、框架、性能及特点能够深入了解，通过专业课程学习、专家讲座、企业内部培训等方式全面提高自身的智能化知识水平，进而强化自身的综合能力建设。

2. 从偏重财务核算向偏重财务分析方向转变

随着大数据环境下企业财务智能化建设进程加快，企业财务管理人员要从财务核算向财务分析方向转变，在完成基础性财务核算工作的基础上，借助企业财务智能化管理系统与大数据分析机制全面加强对企业财务数据的收集、分析与挖掘，依靠大数据技术从海量财务信息数据中筛选出有价值的财务数据，并使用智能财务机器人根据企业财务管理指标完成财务报告编制，为企业经营管理决策提供财务数据参考。同时，企业财务人员要将更多的时间精力投入财务信息数据规划分析中，依靠专业的信息化技能对财务数据精准分析，识别和规避财务风险。

3. 从偏重事后管理向注重事前和事中管理转变

大数据环境下企业财务智能化建设进程中，企业财务人员要从注重财务事后管理向财务事前和事中管理转变，借助企业的智能化财务管理系统及财务智能化管理模型加强对企业财务流程管控，通过智能财务信息分析、财务风险识别、财务事项审核、财务手续报批、财务风险预警及财务风险应急管理全面加强对财务活动事前、事中的监管控制，以全面保障企业财务运转安全。同时，企业财务人员也要不断提升自身财务风险识别及应急管理能力，充分运用财务知识与财务智能化专业技能跟踪分析与监督财务指标与财务安全，保障企业财务智能化系统能有效应对财务风险。

第三节　数字经济时代智能财务赋能价值创造

一、数字经济对智能财务发展的影响

企业转型的价值本质是提高经营效益，数字商业模式转型能够促进产业转型升级、提升企业的管理效率和经济效益。

(一) 业务数据化

数据是推动经济增长的核心资产，工业互联网、网络新媒体、信息传播技术提高了数字信息的同步性。以数字化的信息和共享化的数据为生产要素，构建科学系统的管理数据湖，有助于发挥数字化转型驱动企业价值提升的作用。数字化通过全面整合企业数字信息系统，融合并有效利用业务信息和财务信息，推动产业经济结构优化，促进企业财务数字化转型。以现代信息网络为重要载体可以实现数据流标准化、数据核算智能识别和场景化，以及数据可追溯化。发展数字经济，促进数字经济与新工业革命加速融合，推进数字产业化和产业数字化，将促使新的产业形态、新的秩序不断呈现，孕育出一个新时代。

(二) 数据标准化

业财变革的核心是数字驱动。在数字信息时代，随着人工智能技术的发展，依靠数据的资产化能力、数字标准化程度赋能财务转型。财务应主动赋能业务，实现管理会计领域智能分析和智能评价，财务人员的工作重心从业务操作转向人机交互，再逐步转向智能交互处理，真正实现财务信息化到财务数字化的转变，形成管理黏合剂。企业应基于智能财务建设现状，结合发展战略规划要求，在考虑方案可行性时兼顾智能财务与效益，统筹规划数

字化转型，最大限度地发挥数据的价值功能，开发数据的整合能力，适应技术的发展和行业的革新，提升数据价值挖掘能力，建立智能财务系统的底层数据库，实现财务的精细化管理和资源利用效益最大化。

（三）应用智能化

企业应坚定业财融合、业财协同发展，形成智能化全要素、全价值链管理加速器。具体而言：按照一体化、专业化、集约化的设计思路，充分应用大数据、区块链、人工智能等新技术，注重业财融合与价值创造；发挥财务作为数据中心的优势，提升数据技术赋能能力的客观性，利用信息化系统管理平台，自动合并和快速生成财务信息数据，帮助数据使用者形成管理员；强化全流程数据贯通、数据分析、数据筛选，借助大数据技术整合优势，推动会计信息向企业经营活动纵深发展，提升业务信息化和智能化，进而提高会计核算准确度；挖掘财会各领域数据共享点，有效筛选财务和业务数据，帮助企业高层决策者开展不同维度的综合分析，促进决策管理权和决策控制权的融合，以及全价值链的业务协同。

（四）智能可视化

智能融合是财务数字化转型的重要环节。企业应着眼技术赋能，构建数字化管理平台。具体而言，依托数字化技术，有效释放数据要素价值，全面实现业务场景驱动可视化，嵌入智能财务管理工具，形成智能识别、智能服务、智能指挥平台；将财务工作主动延伸至业务前端，形成集团公司数字化转型方案，切入业财融合关键点，为构建数据驱动和场景可视化提供支撑；提高集团子公司自动化程度与可视化程度，动态改善信息产生与传递效率，实时实现数据驱动的智能决策能力，展现数据服务可视化能力，实现基础财务工作智慧化；形成可视化管理平台，使业务流到数据流全方位智能化屏显，实现管理流到共享服务流的流程数字化，有效利用财务数据服务企业整体战略。

（五）服务平台化

企业应运用“大智移云物区”新技术，加强数字平台建设，结合图像识别技术满足多样化信息需求，通过财务共享服务手段智能化、会计核算高效化服务多元化主体。具体而言，建立大数据生态财务系统，通过物联网自动获取海量数据并实现数据共享，借助平台的运算能力，完成业财数据转换，发挥管理会计工具的作用，实现价值创造；融合智能财务理论模型和智能匹配方式，将数据导入数据仓库以对传统财务工作进行改造提升，形成服务流程化、流程数字化；以数据仓库现有数据为分析对象实现平台自动化，提高会计工作效率，提升价值创造能力；设计财务共享服务中心虚拟化模式，引入移动互联网技术移动端，通过区块链实现信息的即时完整传递，构建以价值创造为导向的智能服务平台。

二、智能财务赋能企业财务管理价值创造的方式

企业应构建自下而上涵盖高效标准的业务流平台、基础财务服务平台、可视化运营决策分析平台，为企业转型升级，实现业务共享、数据共享、服务共享，提供不同维度的决策支持，从而使智能财务赋能企业价值创造。智能财务赋能财务管理价值创造的方式如下。

（一）以价值提升为基础，核算场景向业务场景转变，实现业财融合价值管理

在智能财务下，企业的财务核算以“资金—核算—报表”为中心，利用核算数据驱动信息聚合，重新梳理流程范围达成业务场景化，优化企业组织范围使其经营简单化，应用以 ERP 系统为核心的财务系统实时传递数据。具体赋能方式如下：通过打通各模块与内外部业务系统，实现全流程电子审批与自动化、核算场景驱动转变、结算规律化和标准化；核算模块功能转化为场景共享，动态化匹配人员权限与审批流程，业务处理由核算型向运营管理、决策分析型转变；规范原始凭证和会计报告，会计核算辅助数据采集支持，使业务财务和专业财务延伸和扩展到业务流程，实现数据专业化、流程自动化；通过建立业务融合度体系规范，优化组织与管理职责，打造从产业链前端到业财流程后端的一体化智能系统，以提高信息透明度。在业务场景下，财务职能由记账向管理转变，提高财务会计的运作效率、挖掘更多有价值的智能场景，能够促进企业财务由核算型向管理分析型转变，为企业提供更优质的财务信息数据和共享服务。

（二）以价值挖掘为取向，流程驱动向数据驱动转变，实现产业链集约管理

具体赋能方式如下：企业将预算管理、内控管理、资金管理前置，促进物资、人力、财务、信息资源的有效集成，进而实现各系统内部之间标准统一，提升管理层的指导动能；完善标准流程体系，重构企业规则、流程、组织，构建开放性财务战略架构，推行业财一体化全面流程管理体系；设立统一的财务数据标准，统一主数据、主流程，使全业务流程线上自动流转，实现数据驱动和系统融合；以产业链资源整合为契机，进行数字信息建设，将过程数据汇集到数据池，实现业务流、资金流、核算流的高度统一，规范会计核算标准和流程，明确会计资料在共享过程中的传递，推动企业运营与管理智能化；建立标准规范的业务流程体系，通过技术赋能实现财务智能化，通过体系建设实现管理制度化，通过平台运转实现制度流程化，通过共享服务实现流程表单化。

（三）以业财融合为目标，业财分离向业财融合转变，实现财务共享服务管理

企业集团应构建集团数据中心，以财务共享平台为依据，建立健全智能化财务运作模式。具体赋能方式如下：业财融合使财务管理向业务端前移，使专业财务向业务财务延伸，聚焦财务预算、采购与销售、核算与资金等业务，内外部业务数据统一、实时传递形成数据仓库，构建财务经营可视化与业财一体化管理平台；专业财务仍是财务管理的基础和本能，财务部门和业务部门有机地连接在一起，编制财务共享操作规范和服务流程，使各部门的数据和信息有效地集成和分离，利用财务技术挖掘财务数据的深度价值，进而推动财务数字化转型；从业务经营平台挖掘数据资产价值，实现业务集中化与集成化，并通过数据驱动实现分层分离管理，提升共享管理价值；建立一套标准化流程和经营管理体系，降低人员对传统组织模式的依赖，引入大数据信息技术，实现信息的自动流转以及“业务驱动财务、财务服务业务”的内循环体系，发挥财务共享中心的财务服务功能，提升智能财务运营管理的融合能力。

（四）以数据标准为蓝本，管控型财务向赋能型财务转变，实现智能转型生态管理

企业应落实智能财务管理模式的建设，借助ERP系统，规范会计流程与科目标准，建立统一的会计信息管控体系，为企业财务数字化转型奠定基础。具体赋能方式如下：发挥数据资产和场景优势，催生新产业、新模式，促进产业数字化转型，打造数字经济良好生态；以大数据、人工智能为技术手段，寻找最适合企业情形的人工智能系统，企业管控模式从电子化、信息化走向智能化，组织流程从静态化转向流程化和集中化，实现智慧财务赋能；以数字赋能为主线，结合管理会计能力建设和大数据智能分析应用，转变财务管理者的固有思想，对经营业务、信息系统内外统一协作，将标准化流程进行智能化更替，形成业财智能模块融合的最终形态；构建数据云平台和数据建模分析，提升数据效用，实现财务管理流程和程序的智能化，增强物联网技术的应用，通过感应识别和扫描定位实现精准管控，促进企业由管控型财务向战略型财务转型，发挥智能财务的管理职能和赋能价值。

（五）以价值创造为核心，守护价值向价值创造转变，实现价值创造增值管理

数字化变革给会计专业人员带来了前所未有的冲击，从资产管理持有者到资产守护者，从会计数据的保护者到数据价值的创造者，会计职业发挥着潜在的职权。具体赋能方式如下：通过数字化技术的应用获得全价值链的数据信息，助推传统管理信息升级，紧密结合全价值链的上、中、下游信息，打通内外部价值链，提高财务处理效率，有效畅通智能财务的工作路径；借助财务数字化转型提高企业管理效率，依托信息集成化管理提升运营效益，促进战略财务领域的价值管理；在数据技术层面，以数据化、智能化、国际化的视角建立价值创造体系，建立数据共享和数据控制中台，业财融合下产品将被场景替代，行业将被生态覆盖，数据信息将被实时传输到企业数据平台，实现财务综合服务流程自动化；通过财务共享模式建模，形成管理模块、项目模块、决策模块，设立智能财务评价标准，形成智能数字报告，实现数据的前沿分析和价值增值，深度融合财务业务和价值链各个环

节，以实现财务对企业价值的守护与创造。

（六）以数字赋能为契机，信息财务向数字信息化赋能转变，实现智能数字化管理

智能数字化是企业数字化转型升级的重要组成部分，其主要目的是为企业创造价值，数字化转型的客体主要是企业价值链，企业财务数字化转型的核心路径是资产数字化。具体赋能方式如下：搭建全面多角度的客户信用体系，通过系统流程实现数据的统一，向数字信息化赋能管理，发挥价值链和专业技术引擎的主要作用，激发企业潜在的财务价值，充分利用数据带来的信息价值为企业发展创造更大的价值；依托财务共享体系，形成智能财务管理体系和智能数据共享体系，彰显企业管理效率和组织效率；激发组织活力，实时挖掘与分析数据，提升智能财务运营质效，构建智能财务赋能体系，加快数字化财务转型步伐；搭建业财一体化的数字化体系，进行数据赋能和决策支持，实现财务的赋能转变和财务数字化战略。

（七）以智慧财务为引擎，高速扩张向高质量发展转变，实现最优决策支持管理

在5G信息、数字化、区块链等技术的高端赋能下，企业内部的生产管理、外部的交易均被予以智能化改造，形成“智能制造”“智能管理”“智慧交易”新格局。具体赋能方式如下：聚焦价值，实现会计信息化向财务数字化的转型，聚合信息优势，将分散于集团内各个部门的财务模块进行集中化处理，满足企业精细化管控和数字化转型的需求；激发财务管理部门的整体活力，把握资源优势，推动财务管理人员向价值整合者转变；搭建“业与财”双引擎管理机制，形成动态结构化决策模型，为转变管理的有效决策赋能；构建数字服务能力和整合能力，为企业的数据可视化构建财务智慧屏显，打造最优、最及时的基础支持设施。企业实施数字化转型后，决策支持将从经验驱动向数据驱动转变，还应重塑以“智慧财务”为目标的业务架构。

三、数字经济下智能财务发展趋势与创新模式

智能财务借助会计管理活动的思想体系，以数字技术价值为理论基础，

推动管理会计与财务会计、会计环境与宏观经济的融合。在智能化环境和智能化技术的推动作用下，智能财务发展成为企业的一个远景目标，数字化是信息技术和商业模式转型的重要标志。

（一）探索中国特色财务智能模式

《中国数字化转型市场预测（2021—2026）》研究报告指出，通过应用智能场景践行数字化优先策略，未来五年，无论是在中国还是全球，超过百分之五十的经济（中国超六十万亿元人民币）是基于数字化的，直接或间接地受数字化影响。我国在“十四五”期间将全面推进数字中国建设，对标世界一流财务管理能力，以数字化转型驱动生产方式、生活方式和治理方式的变革，数字化优先规模以财务价值和客户价值为标准。若要达到世界一流财务水平，就应坚持数据驱动的基本原则，业财融合是实现企业高质量发展转型的第一步。要以财务数字化转型带动企业全面数字化转型。对此，企业应建立一体化数字管理平台，运用人工智能技术推进业财融合，通过智能技术匹配开发财务数据价值转型的实施路径，通过服务于共享价值管理，发挥技术因素和内生组织要素的互补协同效应，进而促进企业高质量发展。

（二）创新智能财务数据治理思路

党的十九届四中全会提出，要全面推进国家治理体系和治理能力现代化。2022年《国务院政府工作报告》也指出，要促进数字经济发展，加强数字中国建设，完善数字经济治理整体布局。在数字经济时代，数据已成为企业重要的生产要素，企业的数据治理和管理平台能够满足其经营创新需求。财务以数字技术为依托，通过制定企业内部数据治理标准，开发智能治理型财务决策支持系统，提升财务信息质量，并用数据支撑决策，提高治理效率和效果。企业应建立全面的数据治理思维，提升数据治理的战略地位，优化管理流程、加强数据源端治理、实施数据仓库治理以提升数据质量，用标准化数据维护数据资产的安全，采取数据价值挖掘技术激活数据价值。政府部门应创新治理流程，在流程中植入治理框架，提升政府治理能力，强化数据治理和价值融合，实现财务业务基础数据治理。

（三）探索财务智能审计方式

2018年，习近平总书记在中央审计委员会第一次会议上指出，要坚持科技强审，加强审计信息化建设。因此，理论与实务界应加强审计信息化建设，聚焦企业向智能审计方向转型发展，研究智能审计的应用场景和理论基础，建立一流信息化审计平台，完善数字化审计报告体系，形成网络化的审计数字场景。企业应优化传统的审计体系，建立审计数据共享云端管理平台，通过数据挖掘技术提升审计效果，利用可视化多维分析实现审计工具的自动化，利用审计流程的智能化发挥智能审计的价值；搭建新一代数字化审计管理平台，制定审计评价指标，应用大数据技术采集审计数据，应用模型分析彰显审计结果的智能化；建立智能审计模型，整合数据资源，构建审计智能库，丰富审计数据的逻辑，整合审计信息检索手段，促进数字技术在智能审计领域的全面运用。在新技术的推动下，探索云端审计新模式、数字化的审计新途径，同时借助云平台服务和大数据服务，探索财务智能预警审计框架，真正实现持续智能审计。

（四）智能财务分析与数字化决策

我国应加强与国际一流行业的对标管理，数据是数据驱动的基础，应构建企业财务智能体系架构以实现决策权的双向流动，构建智能财务分析与决策模型以实现数据诊断与分析，构建数字财务服务平台以形成数字化工作与思维模式。财务作为企业全面数字化转型的切入点，应以财务场景的智能化实现决策支撑，以财务数字化转型带动企业整体数字化转型发展。具体而言，可以利用模型数据的统一方法和手段，打造一体化数字平台，推进统筹规划，实现数字管理与决策，广泛应用数据治理功能，推动业财深度一体化；形成大数据融合的智能财务分析模型，动态反映数字信息化预测性分析，形成智能高效的财务业务处理决策模型，赋能企业高效运营管理；拓宽财务会计工作者的智能视域，迭代人机交互算法运力，激活智能财务技术下的场景驱动，通过描述性分析集合数字化数据平台，通过人工智能辅助决策搭建财务决策模型，以规范性分析检验财务控制与决策，最终实现财务管理的终极价值。

(五) 智能财务战略转型的价值创造

创造价值是财务管理的终极目标，智能财务的实质应是以数字技术为支撑，以财务系统为中心，用数据驱动财务价值创造。企业应贯彻新发展理念，发挥管理职能作用，探索企业的商业价值和价值创造能力，依托数据资产创造新的价值；顺应数字经济发展趋势，以价值创造为追求，以数据业务化和业务数据化为蓝本，立足战略规划与转型期望匹配有限资源，推动企业向高质量发展变革；主动拥抱数字化变革，筛选有价值的信息数据，以数据为基础实现向效率变革，整合业务系统资源，发挥智能财务会计共享平台的作用，从提高效率向创造价值转变；建立大数据思维，将大数据管理理念和管理方法有效整合，形成统一的数字化转型规划和愿景，从企业生产采购、研发销售、成本预算等关键环节入手发起动力变革，引领企业的价值创造。智能财务以预期投资回报率为基准，发挥动态经营预测与风险预警功能，基于技术驱动与数据驱动，通过瞬时收集大量有效信息，用数据解决企业中的决策问题，为企业创造价值。未来企业需加大内部数据共享和价值创造的整合力度，通过财务智能化实现企业数据价值创造的最大化，通过财务数字化转型实现企业价值的增长。

(六) 以开放融合为原则，共建数字化转型生态体系

2020 年国家发展改革委与中央网信办发布的《关于推进“上云用数赋智”行动培育新经济发展实施方案》中提出了“打造数字化企业，构建数字化产业链，培育数字化生态”的发展目标。会计行业要加快智能转型步伐，突破管理的职能界限，深度与业务融合，共建智能生态新模式，建立跨界融合的数字化生态体系目标。为迎接数字经济时代的挑战，企业应构建全新的智能财务全局管理体系，加强产业链协同发展，形成业务流程、管理流程、财务会计流程三者的有机融合，重塑“业—财—业”价值生态链；聚焦财务生态，以数字化平台为依托，构建“生产组织 + 商业模式 + 共享服务”管理模式，重视发展人机协同共生的会计生态系统，形成“业务层 + 财务层 + 管理层”管理体系；充分发掘新内需，通过产业与物流、网络的跨界融合，形成交易生态效应，实现数字经济带动实体经济新发展，发挥“产业链 + 供应

链”生态效应；秉承“共赢”的发展思路，建立数据战略、数据融合、共享交换、开放协同的转型理念；培育新业态，迎合智能财务产学研合作新趋势，激发智能财务理论的新思考，鼓励企业走出组织管理的边界，发挥国有企业在产业链中的聚合效应，为企业管理提供支持，带动企业加快数字化转型步伐，最终实现价值创造。针对数字化生态，还应综合评价生态体系的整体财务状况，引导生态体系的财务价值建设，形成良性财务生态体系，发挥企业数字生态效应和提升企业数字化转型发展水平，共同促进产业发展和转型升级。

（七）以智能财务为核心，推动经济高质量发展

创新是高质量发展的第一动力，高质量发展是强国战略之一。我国经济已由高速增长阶段转向高质量发展阶段，党的十九届五中全会确定了我国长期经济社会各方面发展的主题为高质量发展。《中国数字经济发展白皮书（2021）》显示，数字经济成为我国经济高质量发展的核心驱动力。2020年《国务院关于进一步提高上市公司质量的意见》中指出，上市公司是资本市场的基石，高质量的上市公司是资本市场健康可持续发展的内在要求，是中国特色财务体系建设的重要步骤，是完善社会主义市场经济体制的主体内容。立足新发展理念，支撑数字转型驱动，推进数智化转型，是我国在高质量发展阶段数字经济的主方向。基于此，企业应依托数字赋能，加快数据驱动、管理驱动、流程驱动的转变速度，建立数据思维和智能诊断思维，引导企业向价值创造的战略转变，实现高质量发展新目标；利用数智化手段聚智融智，从智能财务角度赋能企业价值创造，助力实体经济高质量发展。

（八）加快数字化转型发展，建设数字中国

《“十四五”数字经济发展规划》表明，数字经济是一种新的经济形态，数字经济越发展，智能会计越重要。因此，建设智能会计是数字化时代会计发展的必然趋势，数字经济以现代信息技术网络为载体，以数据信息资源为关键要素，以信息技术融合应用为平台。为迎接数字经济新形态，企业将实现内外互联驱动生产方式，持续推动财务数智化转型，激活数据要素潜能以实现资源共享，推动要素数字化转型以实现业财融合。为加快数字经济、数

字社会、数字政府转型步伐，需构建智能智慧的数据安全治理方式，以保障数字产业化的创新增值，推进数字强国建设，完成产业数字化目标。未来政府部门应建设智慧财政以提升财政资源配置效率，构建智慧金融平台以促进区域经济稳定与发展，加快智能司库建设以促进可持续发展；提升政府数字服务效能，引导整体生活方式智能化转变路径，打造智慧政府建设，提升政府数字化转型水平，提高政府综合治理能力，实现国家数字化转型。财务数字化转型必将是财务变革过程中的一个创新阶段，打造数智财务体系会伴随区块链技术、数字机器人技术的发展与应用，以及智慧制造建设、数字企业建设，进而有助于加快数字中国建设。

第四节　财务机器人流程自动化应用研究

一、财务机器人概述

财务机器人指的是一种能够将企业发生的各种财务、业务信息数据化，通过梳理数据之间的关系，执行基于一定规则既定指令下的重复性操作，在处理模式、处理流程、处理效应上均基于流程自动化技术的应用程序。该应用程序可以在脱离人工操作的情况下，实现实时化、跨平台、多窗口的自动化操作，这也被称为财务机器人的第一阶段。通过将 RPA 技术与其他人工智能技术结合使用，还可以为其赋予图像识别、数据处理、报告分析、思维推理等能力，这些智能认知能力的开发也被称为财务机器人的第二阶段。目前，财务机器人已经迈入了第三阶段，能够将 RPA 技术与 AI 技术深度融合，全方位实现财务、业务与数字经济的联动，打造智能化、数字化、效率化的财务应用平台。目前较为成熟的 RPA 产品有 UiPath、Blue Prism、Automation Anywhere，以及华为的 Ant Robot 等。

二、财务机器人流程自动化应用设计

传统的人工处理数据的方式不仅耗时耗力、成本高昂，而且存在一定的误操作率，在智能财务背景下，通过使用财务机器人 RPA 技术可以使数据处理更加智能化、精准化、效率化。要实现降低企业财务管理成本和提升

财务工作效率的目标，就必须把财务机器人流程自动化技术落实到财务工作的各个环节。单个 RPA 技术组件一般是无法满足所有业务需求的，需要较多数量的 RPA 技术组件有机融合和有效运转，才能与财务工作的各个环节相契合。例如，票据核对、银行回单自动化、自动对账、月底结账等自动化流程的实现，都需要一个或多个 RPA 技术组件相互配合来完成，然后再结合财务工作程序之间的逻辑关系对财务机器人流程自动化进行应用设计，实现财务数据和业务数据的一体化，全面优化企业的财务管理模式。具体的应用流程如下。

第一，结合 RPA 技术和 NLP（数据索引）技术对企业内外部的数据进行检索和收集，并将这些财务大数据进行分类、整合。

第二，结合人工智能 AI+BI 算法技术对数据进行映射和验证，过滤和识别错误数据，一些简单的数据可以直接采用 OCR 技术进行识别，非标准化和非结构化的数据要进行规律的整理和分析。

第三，对数据进行管理与协调，权衡工作流分配和数据审查，对工作任务进行分配和交接。

第四，将处理后的数据进行接收，并再次进行识别，实现多接口的数据录入与记录，并进行归档和保存，对记录的数据进行测试和迁移，将数据在员工、客户、供应商之间进行传输，实现数据共享。

第五，通过 RPA 技术对数据自动计算、处理，得出所需的财务数据组群，管理者基于企业价值创造目标对财务数据组群进行分析、决策。

第六，将有效财务数据进行输出，基于财务数据规则和原理建立数据指标分析框架与模型，结合 RPA 技术自动收集数据的功能，计算、汇总生成各类格式化的报表，并自动处理分发至财务共享中心，为数据的有效性赋能。

三、财务机器人流程自动化应用现状

（一）应用优势

随着国内外学者对人工智能理论与实践的研究，人工智能的应用范围覆盖了各个行业领域。其中，财务领域与人工智能的深度融合是备受关注的焦点。在智能财务背景下，财务机器人应运而生。研究发现，大多数财务活动都存在自动化操作的可能性，其中又属交易性活动自动化操作的可行性最高。目前，财务机器人被应用于一般会计活动、现金支出、营收管理、财务控制与外部报告、税务、审计、风险管理等财务活动中。2017年，德勤会计师事务所推出了首款财务机器人“小勤人”，随后普华永道、安永和毕马威也不甘落后，不断寻求实现流程自动化的路径，掀起了财务机器人的引进热潮。这些财务机器人被应用到大容量数据、低附加值业务、高频交易处理、单一重复性操作等处理中，在风险控制、高效管理、业务处理等方面起到了很大的促进作用。财务机器人在企业中的应用优势主要体现在以下四个方面。

1. 促进企业财务模式转型

对于基于财务模式转型升级建立财务共享中心的企业，RPA技术为财务共享中心建设和有效运行提供了技术支撑，还能够促进财务人员的思维创新，不断寻求新的解决方案，进而能够减轻新技术本身的不确定性带来的应用阻力，这是企业平稳推进转型时的重要保证。

2. 提高财务工作效率

财务机器人打破人工精力不足的局限性，减少传统人工操作流程的干预，实现“24 × 7”的无间断高效运转。RPA技术本身具有较强的灵活性，可以通过设置成百上千个既定的程序或脚本制作RPA组件，然后将其嵌套到财务工作的各个程序中，如自动获取并处理数据、自动扫描原始凭证、自动记账、自动审核、自动对账、自动纳税申报等，在标准化处理的基础上增强了差异化处理的可比性，提升了处理流程的透明度，规范了财务处理流程，提高了财务信息的真实性、客观性、准确性，全面提升了财务数据、业务信息的处理效率。另外，RPA还具有非侵入性的特点，与ERP、U8等财务软件不同，RPA可以在不影响软件原有系统的情况下直接连接财务端的高层软件，增强其使用过程的稳定性。

3. 降低错误率，甚至实现“零错误”

企业根据自身的需求，按照财务处理的固定操作流程、标准等设置既定规则，RPA基于既定规则进行标准化、无差别化操作，实现财务精细化运营，能够消除错误，提高准确性，有效降低记账失误和财务舞弊的可能性，规避潜在的财务风险。

4. 降低企业财务管理的成本，释放了劳动力

在传统的财务模式下，企业需要付出巨大的薪酬成本，包括基本工资、社保、津贴等，增加了企业的成本负担，而 RPA 的出现减轻了企业的成本压力。RPA 技术主要是以人工智能为导向，结合计算机编程程序对于单一、重复性的财务处理实现流程自动化，替代了传统人工操作，实现一键式、自动化操作，在提高效率的同时，降低了企业财务运营管理的成本，也被称为“数字化劳动力”。RPA 技术在财务领域的广泛应用虽然在一定程度上会影响财务人员的就业形势，但其优势体现在劳动力的释放上，能够使财务人员专注于更具价值的其他工作，优化人力资源配置。

（二）应用局限性

1. 处理“异常事件”不够灵活

由于基于 RPA 技术的财务机器人是执行预先设置的既定程序来实现自动化操作的，固化了操作执行程序，降低了灵活性。RPA 技术并不像人工智能一样具有推理、判断、分析、学习的能力。当应用环境或相关信息系统发生重大变化时，财务机器人无法识别与既定规则不相符的程序语言，导致异常情况处理不当。例如：计算机的 C/S 应用和 B/S 应用更新或修改之后，计算机服务器的运行环境也会随之发生变化，浏览器会显示不同的 UI，RPA 运行软件会弹出异常错误报告，操作执行会随即中断；当 RPA 的生产环境发生更新，测试环境又没有进行提前部署时，也会出现类似异常情况。此时，为了防止在进行数据处理的关键节点出现异常情况，保证财务机器人的有序操作，降低误操作风险，就需要由工作人员对运行过程进行全程监督，避免出现执行中断等异常情况。

2. 运营维护成本高昂

RPA 技术是智能财务背景下的新型技术，将其运用到数据分析、发票处理、对账、报表处理、税务申报等财务处理流程中，需要设置成百上千不同功能的 RPA 嵌套组件，其使用成本较为高昂。与 ERP、U8、CRM 等传统软件系统不同的是，RPA 是基于原有系统上嵌入的自动化流程应用程序，它属于一种更高层次的软件系统。在实际使用的过程中，要确保 RPA 稳定、

有效运转，系统的测试、更新、升级必不可少，企业要聘请 PPA 技术研发人员，不定期地根据运行异常报告对财务机器人进行优化设计，建立财务机器人运营维护中心、控制台等部门，投入大量的资金。另外，财务机器人的运行、系统操作、日常维护等环节都需要财务人员全程参与，而财务人员对于 RPA 的研发过程、工作原理、程序规则的认知并不透彻，这对财务人员的综合素养提出了新要求，企业需要加大对财务人员的培训力度，进一步增加了成本。

3. 需要及时优化运行机制

从异常情况的处理来看，财务机器人的灵活性较低。虽然 RPA 技术是基于既定规定来执行操作的，但是财务业务的处理流程却并非固定不变。当企业业务进行更新或调整时，RPA 技术的运行机制就要随之重新进行设计和部署，要以运用程序为导向，对一些脚本进行参数修改，并根据新业务的流程来重新录制屏幕动作，导入新的脚本并重新执行处理。财务机器人是否能够高效、有序地运转，很大程度上取决于运行规则标准化的程度。为了保证财务机器人的正常运行，企业应该及时更新或调整运行环境，设计运行方案，减轻业务调整带来的影响。

四、财务机器人流程自动化的应用措施

(一) 结合 AI 技术为 RPA 赋能

AI 与 RPA 之间既有区别也有联系，很多人会混淆这两者，认为 RPA 就是人工智能，其实不然。简单来说，RPA 就是替代人工进行一些机械化、重复性的操作，缺乏判断、认知能力，而 AI 具有推理、分析、预测、决策、深度学习的能力，其算法机制要比流程自动化更高级、更复杂。如果把 RPA 比作神经网络，那么 AI 更像大脑，由 AI 发布指令，RPA 执行指令，可以实现神经网络与智能算法的有机结合，确保应用程序运行的科学化、数字化、智能化，而有了 AI 的智能算法和分析、决策、推理等能力，即使在程序应用过程中出现“异常事件”，也能随机应变地进行处理。企业要想提高财务管理的效率，光靠 RPA 技术是难以实现的，还必须融入智能 AI 算法，科学引入决策支持系统思想，完善财务自动化流程。由此可见，AI 与 RPA

的深度融合是大势所趋，是创新应用的重要举措，是企业数字化转型的抓手。从“劳动密集型”向“AI 密集型”转型，推动生产模式与业务流程实现颠覆式创新升级。目前，在财务机器人的自动化处理流程中，AI 技术得到了广泛应用，如 OCR 识别技术（扫描与识别）、NLP（文字检索与分类）及 ML（分析与决策）等技术。

（二）构建稳定的应用环境

RPA 技术能够在业务处理的过程中实现流程自动化，体现了其流程固定、规则既定的特征。创设稳定的应用环境是确保 RPA 财务机器人高水准、高效率运转的前提条件，也是降低营运维护成本的主要途径。一方面，要在软硬件上提供支撑，及时配备或更新相关软件设备，提升运行速度，优化网络环境，构建运行环境测试中心和控制台等部门，并合理设置应用权限，做好重要信息的保全措施，防止数据遗漏、泄露，增强数据与信息的安全性；另一方面，要加强财务人员综合能力的培训，制定财务机器人使用手册，培养财务人员 RPA 与人工智能技术的应用能力，使其掌握其操作原理、程序流程、应用场景等。

（三）及时跟踪优化机制

应市场经济发展的需求，企业的经营方式、内外部环境和业务处理流程也时常会进行调整，而基于既定规则实现流程自动化的 RPA 技术只适用于标准化程度较高的处理程序。为了保证财务机器人的高效应用，运行人员要及时记录和跟踪“异常事件”检测报告，完善基于 RPA 技术相关软件运行风险预警机制，针对现有的问题调整应用流程设计和既定规则，重新部署和优化运行机制，制定有效应对措施。另外，企业要对财务机器人的运行过程实施精细化管理，提高其对企业的适配性，创新更多的应用场景，满足企业业务调整的各项需求，推进企业财务管理模式数字化转型。

第七章　财务共享与现代企业财务管理发展

财务共享中心是现代企业为加强财务管理采用的重要方法，反映了现代社会变革及经济发展的重要趋势，是信息化社会发展的必经途径。本章围绕财务共享理论及影响、财务共享在企业财务管理中的作用、财务共享模式下财务管理的发展对策、现代企业财务管理体系的构建展开研究。

第一节　财务共享理论及影响

在企业规模不断扩大的过程中，涉及的业务种类也更加多样，多元化的子公司纷纷建立，财务机构运作的费用随之不断上升，直接的结果便是对财务的协调存在各种各样的困难。面对这一现实发展状况，企业的核心价值受到了直接的影响。原有的模式成为制约企业发展的巨大阻碍，为了进一步推进财务共享，转型发展成为必然的要求。

对于企业来说，共享中心建设是一项最为核心的工作，随着共享中心的建立完善，原来较为常规、通用、日常性的工作被大量集中于特定的区域来完成，这一区域具有人力成本低这一明显的优势。财务共享中心的建设使企业耗费的资金大量减少，同时，也能够将专业优势充分释放出来，每个部门都能够将自己的精力集中于核心业务运营过程中。当前，国际上的不少企业都大量采用这一发展模式，它越来越受到众多大型企业的青睐。

一、财务共享发展史

就发展的历程来看，财务共享共经历了三个时期——起步时期、成熟时期以及持续发展时期。上述三个时期都有其各自的发展与建设目标，均围绕成本降低、质量提升以及战略支持等目标来建设。

从全球范围内来看，财务共享具体经历了下述几个阶段。

诞生阶段：20世纪80年代，第一个共享服务中心在世界诞生，相应的服务业随之建立。

服务延伸阶段：在20世纪80年代之后，服务的延伸性越来越强，信息、建筑、经济、零售、金融等领域也享受到了共享服务发展的红利。

服务成型：20世纪90年代左右，相关服务扩展的领域越来越大，服务范围也越来越广，大洋洲、欧洲、美洲等地区的服务机制建设也逐步成熟。

服务发展：进入21世纪以来，跨国公司的资本积累速度越来越快，新兴经济体也在不断进行扩张。为了使核算的成本最低化，财务共享应运而生。当下，全球企业当中建立了共享服务中心的企业数量越来越多。

20世纪80年代之后的10年里，共享服务中心的建设逐渐起步。在这之后，各个企业在采购、经济以及IT等领域越来越重视对共享服务的应用，其目的就在于缩减成本。财务共享的理念首先由福特汽车所提出，随之，各个企业都对这一概念进行了应用。在这之后，杜邦也据此建设了属于自己的机构。在这一发展时期，财务共享以低成本运作为管理的一个亮点，其目的就在于将机械化、重复化的工作集中到统一的业务区进行办理，这种节约成本的模式为企业的发展注入了强劲的动力。

20世纪90年代到21世纪初，财务共享中心发展越来越成熟。在发展到一定的目标之后，在业务量不断增加的情况下，成本节约的优势将不再明显。业务工作者自身的素质参差不齐，难以保证较高的服务质量，加之内部的矛盾越来越复杂多样，管理者开始认识到成本控制模式基础下的发展已经很难带来更高的收益。这一发展时期，提高服务质量和效率成为共享模式发展的一个关键点。

21世纪以来，共享中心模式的建设越来越成熟，其发展的程度也在不断深化。新的发展背景下，共享服务所面临的一个关键点是如何才能获得更高的利润，进而确保盈利空间的不断上升。在这一发展阶段，其功能日益多元，原有模式下简单的会计处理工作已经无法满足发展与建设的需求，它更多地倾向于财务咨询以及战略支撑。不少企业都尝试着建立了属于自己的财务共享中心。

二、财务共享引领财务变革

数字化时代，共享是一个突出的特点，它是企业在生态发展、集约发展背景下的一种重要建设模式。从企业的角度来说，但凡具有集中性的资源都需要进行共享。从共享的范畴来讲，市场、技术、信息、人力、资源、购买、消费等都是共享中心发展的重要方面。在未来共享的发展过程中，财务共享的重要性越来越突出，它将带动共享界的发展建设。对于集团企业而言，要充分考虑当下发展的实际、综合业务发展的诉求，选择最具科学性的共享机制，擘画未来发展的蓝图。

财务共享与企业的战略发展步伐相一致，它与内部建设的需要直接相关。换言之，财务共享是时代建设的领军者。

当下，建立在财务共享基础上的财务发展模式更加成熟。和传统的财务职能比较来说，突出的变化主要有更加强调过程的重要性，弱化了结果的重要性。更加重视服务的价值，弱化了管控的作用。突出战略指导的重要性，弱化了业务监督的作用。共享经济背景下，从企业的发展来说，管控服务型共享的价值越来越凸显，其扮演的角色越发重要。

财务共享有助于进一步促进大数据建设与会计的相互交融，管理会计的建设有助于营造特定的场景与氛围，进而不断促进企业财务工作的转型发展，助力数字化建设的发展推进。

财务共享能够持续推进科学化管理的实现，也有助于不断强化管理的质量和效果；能够推进业务程序的优化，最大化节约资源；有助于推进部门之间的协调配合，确保能够实现更高的财务价值；促进财务信息的整合，提升企业的决策质量，探索出更具发展空间的商业盈利机制。

在企业发展与转型的过程中，财务共享服务主要是在组织、管理、数据等方面发挥关键性作用。财务共享服务有助于推进内部管理体系的建设，同时，也有助于明确财务职能各自所扮演的重要角色。它充分利用了大数据技术的支撑作用，这些能够持续推进企业实施更高质量的财务转型。换言之，财务转型需要以共享为重要的支撑。

管理基础——提升流程的规范性。包括：①建立明确的作业标准，规范流程；②规范的核算机制；③一致的调度和资金管理体系；④系统的信息体系。

组织基础——优化的职业分工。包括：①保障团队建设；②控制队伍建设；③决策队伍支持。

数据基础——共享信息中心。包括：①规范的数据体系；②形成全面的数据仓库；③详细分析，深入挖掘；④动态调整，形成报告。

大数据发展背景下，财务转型最具代表性的探索就是共享服务，在不断优化职能、深化改革的过程中，分工日益明确，财务管理也进入了一个全新的时代。当前，中国经济正在迈向“新常态”，各个企业在推进财务转型的过程中抓住了共享这一基本的理念，将其作为打通实践与网络的关键点，财务共享迎来了发展的鼎盛期。

三、财务共享形成财务大数据

财务共享中心能够获取多个方面的信息，企业各方面的数据通过财务共享汇聚在一起。从本质上来说，财务共享中心掌握了内部管理、运营等各个方面的信息，在此基础上进一步推进数据互联，构筑了功能强大的大数据系统。

一直以来，财务部门在进行决策的过程中都对数据提供者有较强的依赖，大数据和共享机制之间建立了紧密的联系，使得这一进程的步伐明显加快。在财务共享中心的发展过程中，传统模式下的运营缺陷得到了一定的弥补，进一步促进了管理会计职能的转变。

首先，财务共享中心发展到一定程度后，相应的技术手段也就更加成熟，数据管理职能不断优化，在此基础上，预算、绩效、考核、盈利等相关方面的功能更为优化。面对这一发展背景，在传统模式下的报账、结算等基础上深化拓展出数据中心的功能。

其次，从共享服务的整个过程来看，无论是收款、销售还是其他环节等都和客户紧密相关。在这一过程发展中，了解客户的心理、评价用户的信用值、预测未来的销售状况等都会对商业模式产生直接而深远的影响。

四、财务共享服务让财务更智能

当前，智能化的应用范围不断扩大，这也是数字时代最为显著的特征之一，是特定背景下的产物。从管理会计的角度来说，正是因为网络的广泛参与，使得智能化会计取得了一定的成就，随着智能化的深化发展，财务共享则是必然的结果。

众所周知，企业的财务工作涉及众多的方面，其体系十分复杂，涉及类型多样的数据信息，这些都对财务职能的发挥提出了更高的要求，同时，对于企业而言，这也是业务整合的重要机遇。当下，多元化、具有较强预测功能的分析工具被大范围应用，我们最为熟悉的包括“德勤机器人”，它的推出备受关注。

从当下的财务职能角度进行具体的划分，诸如“财务机器人”等类似的信息化、智能化技术在风险控制以及业务处理方面发挥着尤为重要的作用。特别是建立在财务共享基础上的企业，在财务管理方面进行了不懈的探索。从具体的职能角度来说，共享服务中心主要扮演的是管控核查以及财务处理等方面的重要角色，其规范化程度不断提升，为财务机器人的运作提供了基本的环境保障。正是因为这一原因，财务机器人随着共享服务中心的成熟化发展，受到了更多的关注。

企业内部具备了更为科学、规范的体系建设之后，财务机器人在更大的范围内得到了广泛的应用，这也是企业持续推进服务中心建设的根本原因。以规范化、科学化的业务处理方式进行作业，在此基础上持续扩大财务机器人的应用范围，才能取得更大的效益。

企业数字化转型是为了实现更高水平的智能化发展，这是其终极诉求。同时，企业数字转型过程中，建设财务共享中心又是一个不可或缺的关键环节，它为企业智能化的实现提供了重要的平台。

在财务共享模式下，持续推进财务平台建设的智能化将会带来多方面的变革：就业务的角度而言，共享平台的建设进一步搭建起财务与业务之间的桥梁，无论是哪一个工作者都会影响最终的财务结果；就财务层面来讲，财务工作者工作涉及业务的每个环节，与业务之间的联系尤为紧密，将最客观的情况展示出来；就管理层面而言，任何交易的信息都是公开透明的，无论是采购还是常规的业务管理都处于共享中心的管理范围之内，管理者内心对信息都十分清晰，这也确保了管理会计的管理、协调、综合、评价、规划等职能发挥的过程中，有客观的信息作为参考，确保分析的精准化，管理的高效化。

除了之前所提到的云服务、云共享、大数据、智能化以及互联网促进了财务共享普及程度的不断深化，各种信息化的IT技术也对中国会计发展程度的不断深化产生了直接的影响。多元化的IT技术彼此促进、彼此交融，使得财务共享普及面更广，应用性更强。

第二节　财务共享在企业财务管理中的作用

一、提高财务管理工作的速度

传统的企业财务管理工作重点就是各类财务目标和任务，并以此来进行财务相关岗位的建立，这一模式的最大问题就是工作划分困难且无法调和，从而导致企业财务管理效率低下，不利于企业开展财务管理工作。于是，财务共享工作模式应运而生，它有效提高了企业的财务管理工作效率。财务共享模式的分工方式更能满足企业的实际业务需求，推进了财务管理工作进程，促进了高效且便捷的财务管理模式的产生。

二、保证财务管理工作的质量

当企业运营中普遍采用财务共享管理模式之后，企业就不再需要向政府上报用水用电成本和税费收取等收支数据，只需在财务共享服务中心处理相关数据，这提升了企业财务管理的质量，同时也节省了大量的重复工作时间，为企业的财务管理提质提速创造了有利条件。

三、优化财务管理工作的流程

(一) 优化财务预算

企业财务工作的重点就是财务预算，因此为了确保企业的资金使用不出现纰漏，就应该合理进行财务预算，特别是针对一些盈利范围不大、公益性为主的单位，如山西万家寨水控水资源有限公司，就是以收取供水公司水费为主营业务的企业，由于水费较为固定且由政府进行定价，因此其盈利空间有限，对此，该公司有必要采取财务共享模式。企业运营财务共享模式能够节省一些不必要的开支和成本，防止浪费现象的产生。之前很多企业存在财务预算力度不够、审批制度欠缺等各种问题，对财务预算的客观性、严肃性和科学性都有所影响。通过实施财务共享模式之后，在很大程度上提升了财务管理人员的工作质量，并制定了严密的财务工作流程，促进了财务预算的精细化发展，落实了各项财务预算工作，发挥了精细化预算管理的作用和价值，为财务管理工作的顺利开展创造了优势条件，提升了财务预算管理工作的地位。

（二）优化财务决算

财务决算是确保正确计算企业新增固定资产价值和企业项目投资效果和盈利能力的前提条件。财务决算主要包括本年度中所有的生产经营费用，并可以对其全部收入进行反映。财务决算主要作为以下三个方面的重要依据：一是总结企业的年度经营成果；二是规划企业来年的工作计划；三是进行企业财务预算。企业在进行财务决算时引入财务共享模式，有利于企业管理者正确地了解企业的价值，从而进行准确的决策，并了解到企业年度中所涉及的所有经营活动和财务收支情况，及时发现存在的问题并进行解决和改善，为其管理能力的提升创造机会。对财务决算的具体数据和真实信息进行分析的目标是掌握企业运营的管理经验，而这需要具备真实准确的财务决算。在财务共享模式下，有利于提升财务决算数据的真实性和准确性，从而使获取的管理经验更实用和更有价值。此外，通过财务共享模式，还能有效地监督财务决算，促进企业财务决算的公正公平，充分发挥财务决算的作用和价值。财务决算涉及各种各样的事项，而这也需要财务共享提供大量的数据，并确保工作的整合性和价值性，同时还能帮助财务决算进行账务情况的处理、资产的清理和资产的盘点等工作，帮助财务人员进行财务凭证的核算和核实工作，节省了财务人工成本。在财务共享模式的促进下，企业的财务决算将更加高效、规范。

（三）优化财务报销

随着财务共享模式的不断普及，为财务报销带来了较大的便利。随着财务共享模式的深入推行，企业所有员工都具备了较好的财务意识，财务报销的重要性也获得了大家的一致认可。财务共享模式下需要进行财务报销，就会涉及影像管理系统、网上银行系统及 ERP 系统等各项财务软件。而财务人员通过学习财务共享模式而较好地掌握了这些软件运用，所以在面对繁杂的财务报销工作时能够得心应手，较快地处理好各项报销工作。在财务共享先进信息技术和企业信息系统整合的双重加持下，企业得以更好地进行数据的共享和共建，并统一了财务的预算和决算工作，避免了大量的重复工作，提高了财务报销的效率。

四、对财务管理工作的有效监督

财务共享有利于企业对收支各项数据进行详细完整的记录，从而有利于财务管理部门审核监督各项经营活动，为企业的资源和资金安全提供保障。通过财务共享平台，企业的财务管理人员能够及时发现和处理各种异常数据和异常账单，为财务人员进行票务审核提供了便利，促进了复审账单明细的效率，检查资源置换实务和置换记录一致，并对企业的现存资金和库存余额予以核对，在信息真实性的保障下，也确保了核对结果的准确性。财务人员核对财务工作时，可以充分利用财务共享提供的工作流 OCR 识别技术，这将大幅度地提升其工作速度和效率，并能够对发票的真假进行辨识，防止假发票报账情况的发生，同时也规范了各项工作流程，为企业的资金和资源安全提供了保障。此外，财务共享还能对企业的资金管理方式进行监督，能及时发现财务人员的违规操作，杜绝各种违规行为的产生，因为财务共享可以记录各项活动的人为操作轨迹，从而将责任落实到相应的人员身上，这也有利于企业运营的安全性。

第三节　财务共享模式下财务管理的发展对策

一、需要统一建设目标

企业财务共享模式的核心是目标建设，只有科学地设定财务共享建设目标，才能促进企业财务管理的稳定长远发展。企业可以从以下方面来统一财务共享目标。

第一，企业应该准确地分析未来的中心发展目标，协调统一财务共享模式和财务管理目标之间的关系。

第二，不断降低企业的运营成本是财务共享中心的主要目标，这样才能促进财务管理工作效率的提升。所以，完成财务管理中心建设以后还应该加强对管理和运营具体内容的关注，制定科学的工作流程，确保企业运营发展和财务共享。

第三，要基于财务管理的实际来建立良好运行的监督机制，以确保中心建设的数据更具有真实性和准确性，以此来促进企业的合规合法发展。

二、高度重视人才培养

为了促进企业财务管理中普及财务共享模式，就应该以财务管理队伍的建设为重点。财务共享模式可以有效地简化财务管理流程，节省财务人员的工作量，并有利于财务工作质量的提升。财务共享平台中采用了很多先进的技术和手段，从而大大简化了财务管理工作。财务人员既要对会计工作进行熟练掌握，也要具备较好的管理能力，如此才能为管理层做出正确决策提供依据。这就要求财务人员具备缜密的思考能力和业务数据分析能力，并对目前的经济业务发展情况进行分析。

财务管理人才必须具备以下两种基本素养：一是良好的职业素养，这就需要财务人员严格执行各项有关的财务政策和方针，不断提升自己的专业理论知识。二是良好的专业素养，这就需要财务人员熟练地运用各种财务先进技术。同时为了让财务共享模式得以普及和推广，企业需要配备具有较高职业素养的财务管理人才，并给予定期的专业知识培训，从内部选优，重点培养。

三、积极完善组织机构

进行财务管理的过程中，基础性机构当数财务共享中心核算团队。建立优秀的核算团队，是确保财务共享模式作用得到发挥的重要保障。

进行组织机构完善和改进时，企业可以调动原先就具有良好管理优势的财务人员担任财务共享中心的重要工作，不断强化团队建设，并做好之前工作数据和信息的上传工作，为共享中心建设提供依据和条件，防止信息丢失和脱节，如此才能促进财务共享日常工作的开展。因此，想要财务共享模式充分发挥其作用和价值，就需要不断地完善财务共享机构的建设。

四、不断加强制度管理

当然规范化操作也是促进财务共享模式发挥作用的一个重要途径。为了最大限度地发挥财务共享模式的价值，企业应该基于财务共享来完善财务管理工作流程，提高管理制度的针对性和有效性，重视财务共享中心的地位和价值，促进其优势的发挥。进行相关制度的制定时，需要先系统清晰地整理各项财务管理程序，对操作规范标准和执行标准予以确认，然后构建完整的财务管理操作制度，让财务人员的工作有章可循，防止财务人员产生侥幸心理。同时企业还应该做好相应的监督工作，定期或者不定期地抽查财务共享中心系统的后台数据，对其制度的实际落实情况有明确的了解和掌握，从而作为财务管理人员水平的判断标准，实施相应的奖惩制度，并将其作为财务人员个人绩效考核的重要依据，如此有利于财务人员共享模式意识的培养，也有利于共享模式价值的发挥。

以上论述表明，企业管理的基础就是财务管理，它将直接影响企业的内控效果。现在企业还存在很多的财务管理漏洞，企业面临的竞争也非常残酷。这需要企业主动地探索新的发展模式，重视财务共享模式的价值和意义。财务共享模式可以提高企业的财务管理效率和质量，要想使企业财务管理更高效、更实用，就需要充分发挥财务共享模式的价值，从而对企业财务管理工作进行不断的改进和完善。

第四节　现代企业财务管理体系的构建

企业管理体系中的重要一环就是现代企业财务管理体系，它是以企业战略目标为指导，开展具有计划性、明确性的企业财务管理活动的过程，并结合相关风险控制机制来灌输价值化企业管理体系。最终目的就是帮助企业改善财务水平，实现财务目标，全面提升企业的财务管理能力。

明确的市场规划、科学的财务管理办法、诚信的企业运行机制和可靠的会计核算资料是现代企业财务管理体系的主要内容。

企业环境是现代企业财务管理体系产生的根本，重点是优化企业内部资源配置，属于精细化管理模式，对于企业的资源配置具有指导意义，并能够及时进行评估和预警。企业现代财务管理体系的构建主要包括以下四部分内容：财务预算、财务监控、风险管理、财会人员管理。对这四部分构建相应的体系具有现实意义。

一、财务预算管理体系

在信息社会中，财务管理的客观要求体现在财务预算管理中。随着市场经济的发展、企业管理水平的提高，预算管理的作用越来越大。可以从以下两个方面来开展财务预算管理体系工作。

第一，按照利润最大化原则、以销售预算为依托，全面编制预算，包括生产预算、费用预算和其他预算三个部分。企业可以先按照单项预算进行合理规划，在此基础上完成全面预算，这对于企业经营目标的实现具有重要意义，能够有效控制、协调和考核各个部门的工作完成情况，能够有效管理企业的基本经济活动，为后续绩效考核工作提供保障。全面预算的核心是利润预算，企业的最终目标就是盈利，利润是企业经营、管理的最终服务对象；全面预算的基础是销售预算，是企业经营决策的前提条件，销售预测是保障企业合理生产的关键，是目标利润、经营计划的重要参考指标。

第二，预算方法的编制要遵循多样化原则。市场的情况、企业的战略目标都是全面预算的重要前提，在此基础上要充分发挥全面预算统筹、分项预算灵活的优势，对于分项预算要进行均衡考虑、对于全面预算要进行系统协调；按照企业内部的长远管理模式，以滚动编制方式开展工作；静态编制预算的方式已经过时，要及时引进先进的编制方法，如变量预算和零基预算等，不同的管理需求应该对应不同的预算标志方法，采取弹性编制的方式开展工作。

二、财务监督控制体系

财务监督控制体系主要是从资产、资金、采购预付款、工程项目、销售、筹资、成本、担保等多个方面开展工作。

第一，全面监控资产的整体会计循环。财务部门要与资产实物管理部门联合开展全面监控行动，主要从资产的使用、处置、维护和取得等方面进行资产状态和价值转移活动的监控，以此保证资产的安全性、流动性和时效性。资产的有形消耗和无形消耗都要纳入资产监控的范畴。除了要降低资产取得的成本，也要关注管理、维护的成本降低；除了要充分发挥资产的使用价值，还要考虑资产的增值和保值；对资产的单位价值的监控要以其在总资产的比重为依据，测算其发挥的作用。

第二，全面贯彻内部财务制度建设，推行资金管理责任制。企业的命脉就是资金，企业财务要严格按照国家相关的法律法规来开展工作，并实行严格的财务监管制度；企业内部的约束机制也要进行强化，对于资金的调度要合理化，要保障重点工作的资金不受影响，以维护资金的安全性。对于货币的时间价值和风险系数的控制也要进行合理规划，全面测算投资回报率和筹资成本率，全面做好合理预算；要对企业的偿债能力进行谨慎评估，拓宽融资渠道的同时要避免盲目举债，否则会增加企业的筹资风险；在建工程的财务监督要更加严格和谨慎，要实行资金投入效果预测和保障机制，对在使用资金进行跟踪、考核，以全面保障资金的使用效益。

三、风险管理体系

市场环境变化迅速，企业竞争进入白热化阶段，现代企业财务管理要具有风险意识，善于发现潜藏危机并做出合理的判断和行动，将潜在风险的损失提前扼杀或者降到最低。

第一，财务风险管理工作主要有以下三部分内容：财务风险识别、财务风险评估、财务风险管理。首先，企业要根据自身特点，建立与企业实际情况相吻合的财务风险识别系统，罗列出可能影响企业发展的因素，并将其归入风险识别体系；其次，要测算可能给企业带来的经济损失，并进行量化，要运用系统、科学的风险评估方法来开展工作，在化解和控制风险方面要有决策依据；最后，要实施风险控制、强化风险管理，开创具有高新技术的风险预警系统和信息处理系统，以此对企业的内部经营进行监测，这样才能在瞬息万变的市场环境中获得快速反应。

第二，筹资方式要适合企业现实情况。企业所需资金问题是通过筹资来解决的，分为筹资时间、筹资方式和筹资数量三部分内容。财务活动中最主要的就是筹资活动，筹资风险包括权益风险、股权结构风险和利率风险，因此又称财务风险。企业想要规避风险，就要按照谨慎性原则来开展工作，具体包括以下方面的内容：一是采取适量的筹资数量。企业在不同时期对资金的需求量也是不同的，企业的财务人员要利用有效的方法来对需求资金数量进行预测，对筹资规模进行合理布局。二是设置合理的筹资时间和用资时间。这样既能够避免资金的闲置，又不会造成资金滞后对公司产生影响，也能避免错失投资最佳机会。三是通过借贷、募股、权益等多形式组合筹资方式，能够有效降低筹资成本，分散筹资风险。

第三，投资活动风险管理要加强。企业经营发展、企业扩张的重要途径之一就是进行投资活动，在风险管理加强方面，除投资规模、投资收益外，还要对投资方向和投资方式的选择进行研究，构建合理、稳定的投资结构，充分提高投资效益，降低投资风险。投资影响时期是不一样的，根据这个标准可以将投资分为长期投资和短期投资两部分，二者之间的风险评价也有差异。长期投资是指投资时间超过一年的投资方式，主要有长期有价证券投资、固定资产投资等；短期投资是指投资时间一年以内的投资方式。长期投资是一项风险高、时间长的投资方式，企业投资行为更要遵循谨慎性原则来开展投资活动，除了进行短期投资风险测评，还要重点考虑资金价值，充分利用投资回收期、净现值、现值指数等财务指标来开展全面评价。此外，还要充分考虑社会、经济、政治等大环境对投资的影响，这也是长期投资风险管理要重点关注的内容。

四、财会人员管理体系

财务管理工作具有特殊性，对财务人员的职业素养和业务能力也有很高的要求，在财务人员管理方面，需要具有规范化和严格化的任用标准，在工作环境方面，需要具有法治化和制度化的相关标准。

第一，财会队伍建设要加强。首先，要提高财务人员的法律意识和职业道德水平，《会计基础工作规范》将“敬业爱岗，熟悉法规，依法办事，客观公正，搞好服务，保守机密”列为财务人员的职业道德。要使财务人员遵章守纪，充分保障汇集信息的真实性、准确性、合法性和完整性，能够为企业领导提供优质的参考依据。此外，外部投资者、社会公众、监管部门和债权人也可以通过有效的法律途径来获取真实的会计信息材料。其次，选拔人才要做到与时俱进，人才除了要有专业素养，还要能胜任工作，有清晰的管理思路、精湛的业务能力，要德才兼备，能够完全适应企业整体管理体系的相关工作要求。

第二，财务人员的管理制度要严格把控，以此来提高财务工作的质量。虚假财务的源头就是会计造假，财务人员是会计造假的实际操作人，所以要加强财会人员，特别是高级财会人员的管理制度和监管机制。要对财会人员在严格执法、原则坚持、公正执法等方面提供支持和鼓励，表扬和奖励公正执法的财会人员，并设置相关的法律保护打击报复财会人员的行为。

第三，高层管理人员的责任要明确，行为要受到约束。高管人员要对财务报表的准确性和真实性承担责任，但是在实际工作中，他们对于财会信息的准确性和真实性没有直接的法律责任，这也是造成指令性会计造假的重要原因。所以，要加大对违法成本和造假行为的约束，追究其刑事责任和民事责任，做到严惩不贷。

结束语

随着时代的迅速发展，企业发展在迎来重要机遇的同时，也要应对新的挑战。而财务管理作为企业发展、运营的重要内容，与之相关工作的落实具有十分重要的意义。面对新的要求与挑战，为了提升企业自身综合竞争力，就需要企业注重对财务管理的有效转型，以实现对自身财务管理能力的不断提升，从而获取更高的经济效益。

参考文献

一、著作类

[1] 卢家仪 . 财务管理 [M]. 北京：清华大学出版社，2010.

[2] 吕文，程兰兰 . 财务管理 [M]. 武汉：华中科技大学出版社，2017.

[3] 王培，郑楠，黄卓 . 财务管理 [M]. 西安：西安电子科技大学出版社，2019.

[4] 王振 . 全球数字经济竞争力发展报告 2017[M]. 北京：社会科学文献出版社，2017.

[5] 谢科范，袁明鹏，彭华涛 . 企业风险管理 [M]. 武汉：武汉理工大学出版社，2019.

[6] 张学惠，张晶 . 企业财务管理 [M]. 北京：北京交通大学出版社，2014.

二、期刊类

[1] 曹媛 . 财务共享下企业财务风险管理研究 [J]. 中小企业管理与科技，2022(04)：125–127.

[2] 陈均杭 . 企业财务内部控制研究 [J]. 财经界，2022(28)：132–134.

[3] 陈亚芹 . 论企业财务预算管理方法的创新 [J]. 中国中小企业，2022(09)：187–188.

[4] 陈云伟，曹玲静，陶诚，等 . 科技强国面向未来的科技战略布局特点分析 [J]. 世界科技研究与发展，2020，42(01)：5–37.

[5] 甘璐 . 财务与会计在商业企业财务管理中的应用 [J]. 商讯，2021(15)：1–2.

[6] 颉茂华，朝格吉乐图，焦守滨 . 管理转型中企业财务人员素质能力的提升路径——基于开盛生物公司的案例分析 [J]. 管理案例研究与评论，2016，09(01)：65–81.

[7] 敬宇 . 如何做好企业财务风险管理 [J]. 商场现代化，2022(22)：165–167.

[8] 黎晓桦．基于大数据的企业财务决策研究 [J]. 投资与创业，2021，32(17)：110–112.

[9] 李锦中．浅析企业财务管理数字化转型 [J]. 山西财税，2022(08)：55–57.

[10] 李帅．企业财务控制职能刍议 [J]. 全国流通经济，2022(08)：172–174.

[11] 刘杰琼．数字化背景下企业财务管理模式研究 [J]. 财会学习，2022(31)：34–36.

[12] 刘明玺．财务预测管理体系构建 [J]. 国际商务财会，2021(03)：78–81.

[13] 刘平．企业财务预警机制的构建研究 [J]. 会计师，2013(17)：37–38.

[14] 刘洋．企业财务预测存在的问题及改进研究 [J]. 上海商业，2022(06)：96–98.

[15] 刘勇．对财务预测管理体系的构建研究 [J]. 东方企业文化，2017(S2)：143.

[16] 罗靓．企业融资风险中财务管理研究 [J]. 全国流通经济，2021(23)：75–77.

[17] 潘诗盈．企业财务管理数字化转型趋势及路径探析 [J]. 文化学刊，2022(08)：35–38.

[18] 邵蕾．企业财务预警机制构建研究 [J]. 大众投资指南，2021(04)：49–50.

[19] 孙骞．企业财务成本管理问题和实施对策分析 [J]. 财会学习，2022(17)：106–108.

[20] 唐川，秦小林，李若男，等．国际人工智能研究前沿及演进趋势——基于对人工智能期刊论文的突变术语探测分析 [J]. 数据与计算发展前沿，2019，01(06)：121–134.

[21] 王凤云．企业财务决策中强化财务分析的主要措施 [J]. 纳税，2019，13(11)：67+70.

[22] 王翔．新形势下做好企业财务管理工作的措施分析 [J]. 财会学习，2021(16)：47–48.

[23] 吴锐．财务风险管理与企业内控问题思考 [J]. 财会学习，2022(34)：

161–163.
[24] 向桂芳 . 人工智能异军突起下的会计何去何从 [J]. 现代经济信息，2017(01)：212.
[25] 熊占云 . 企业财务分析存在的问题及应对举措 [J]. 质量与市场，2022(20)：16–18.
[26] 叶福生 . 企业财务预算的编制程序及作用 [J]. 科技创新与应用，2015(12)：278.
[27] 岳瑛琪 . 构建企业财务预警机制的重要性及原则 [J]. 中国国际财经(中英文)，2017(11)：71.
[28] 张丽雪 . 论财务预测的管理与创新 [J]. 商场现代化，2015(02)：219–220.
[29] 张威 . 人工智能对会计行业人力资源的影响 [J]. 财会学习，2016(03)：73–86.
[30] 张霞 . 企业财务预算的编制与执行 [J]. 今日财富，2018(21)：131.
[31] 张新文 . 企业财务预算管理问题及对策简析 [J]. 中外企业文化，2022(05)：84–85.
[32] 张颖 . 财务共享模式对企业财务风险管理的作用研究 [J]. 全国流通经济，2022(27)：72–75.
[33] 张紫馨，杨昕，辛萌 . 浅析人工智能会计应用下会计人员的职业定位 [J]. 中国商论，2016(30)：168–169.
[34] 赵琦 . 企业财务分析存在问题探讨 [J]. 商场现代化，2022(23)：162–164.
[35] 赵棠 . 企业财务成本管理与内部控制框架 [J]. 财会学习，2022(06)：106–108.
[36] 郑琳 . 财务共享在企业财务管理中的作用分析 [J]. 中国集体经济，2022(20)：145–147.
[37] 郑斯莹 . 企业投融资风险管理问题与对策研究 [J]. 中国中小企业，2019(11)：161–162.
[38] 宗文龙，李晓慧 . 会计职业规划教育的实践探索 [J]. 财会月刊，2014(10)：126–128.
[39] 邹会武 . 数字化背景下财务管理转变研究 [J]. 财务管理研究，2022(06)：205–209.